Wollschläger

Frisch, raffiniert, gesund

Salate

Ellen Wiesner (Hrsg.)

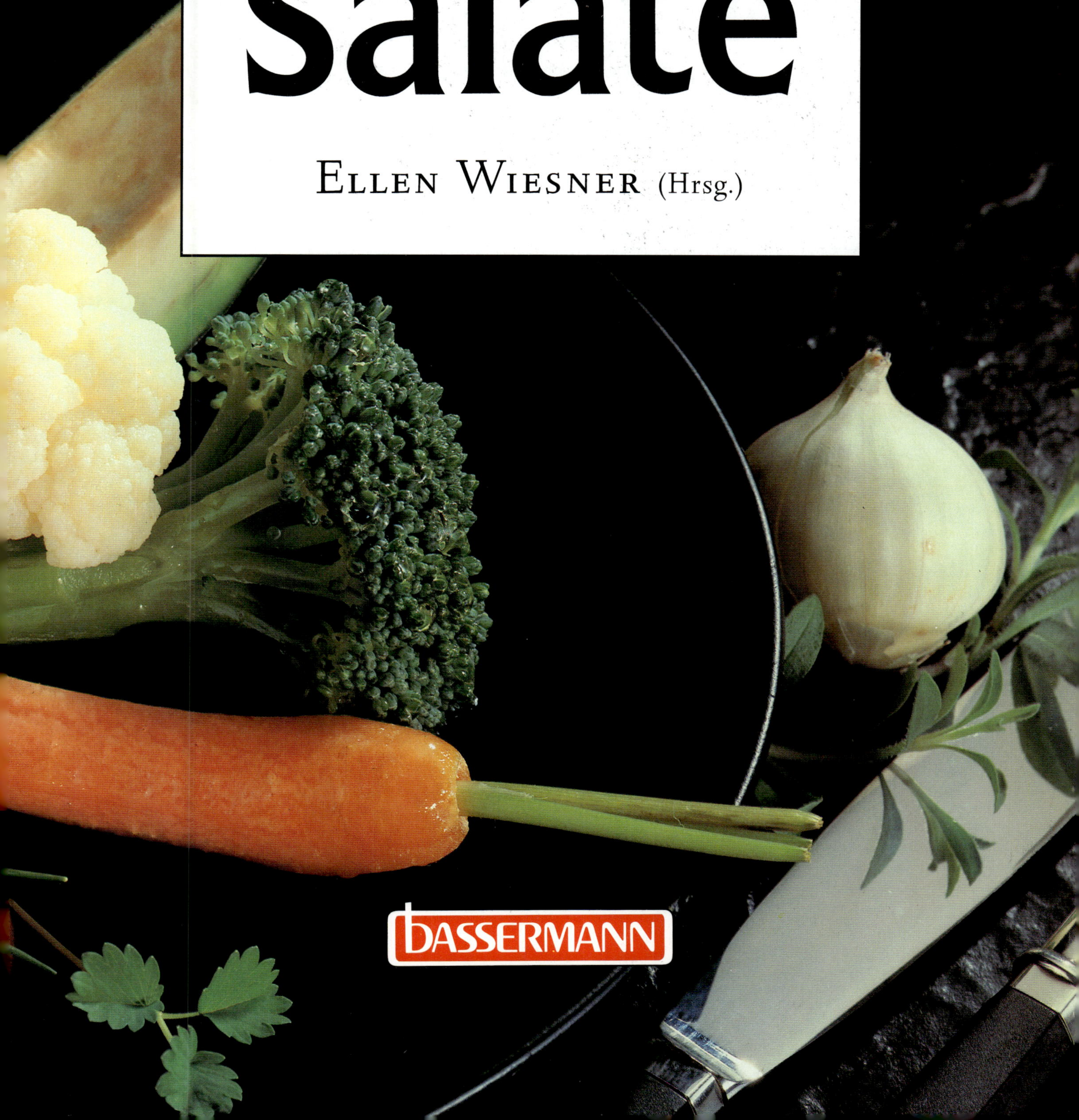

Bassermann

Vorwort

Salate rangieren auf der Beliebtheitsskala der Köche und Feinschmecker ganz oben, weil sie grenzenloses Kochvergnügen bedeuten. Die Salatküche bietet alle Möglichkeiten, der eigenen Kreativität freien Lauf zu lassen. Die Variationsbreite reicht von ganz einfach bis raffiniert, von frugal bis opulent, von süß bis pikant. Und noch etwas: Schon aus wenigen, den einfachsten und den billigsten Zutaten lassen sich die köstlichsten Salatkompositionen zaubern.

Salate bestehen wie bei den Blattsalaten aus rohen oder wie bei den gekochten Gemüsen aus gegarten Zutaten. Ob Nudeln oder Kartoffeln, ob Fisch, Fleisch oder Geflügel, ob Keime, Sprossen oder Hülsenfrüchte, ob Eier oder Käse, für jeden Geschmack und für jede Vorliebe ist etwas dabei. Oberstes Gesetz für jede Art von Salatherstellung ist aber die absolute Frische der Zutaten. Kein Gewürz und keine noch so raffinierte Salatsauce kann bei der Zubereitung wettmachen, was beim Einkauf versäumt wurde. Kein noch so geübter Koch, und hieße er Bocuse, kann nämlich aus schlechten Zutaten einen knackigen Salat zaubern. Deshalb lautet die erste Regel der Salatküche: Qualität und Gelingen hängen vom richtigen Einkauf ab. Lassen Sie sich deswegen von gezielten Streifzügen über Märkte und durch Delikateßgeschäfte ebenso wie von den leckeren Salatrezepten dieses Buches zu eigenen Kompositionen und Ideen inspirieren.

Inhaltsverzeichnis

Salate bedeuten aber nicht nur Kochvergnügen, sondern auch und vor allem grenzenloses Schlemmervergnügen. Salate können Beilage sein, Zwischenmahlzeit oder Vorspeise, ja sogar Hauptgericht. Und Obstsalate als Desserts sind nicht nur bei kalorienbewußten Gourmets beliebt. Salat, das bedeutet immer einen Teller oder eine Schüssel voller Gaumenfreude und reinsten Augenschmaus.

Viel Spaß und gutes Gelingen beim Zubereiten vieler schöner Salate!

Ihre

Ellen Wiesner

Abkürzungserklärungen:

EL = Eßlöffel
TL = Teelöffel
l = Liter
g = Gramm
kg = Kilogramm
Msp. = Messerspitze

Blattsalate

Bataviasalat (rot oder grün) ist eine Züchtung aus Eisberg- und Kopfsalat. Er ist fest und saftig, und sollte wie Kopfsalat behandelt werden.

Chicorée sind die Sprossen der Zichorie, die im Dunkeln wachsen, damit die Blätter ihre helle Farbe behalten. Kommen sie mit Sonnenlicht in Berührung, werden sie grün. Auch roter Chicorée, Radicchio rosso, ist im Handel. Achten Sie beim Einkauf darauf, daß die Kolben keine braunen Stellen haben. Vor der Zubereitung sollte das bittere Herz kegelförmig herausgeschnitten werden.

Eichblattsalat gibt es sowohl in roter als auch in grüner Farbe. Beide stammen aus Frankreich. Kaufen Sie nach Möglichkeit kleine Köpfe.

Eisbergsalat, **Eissalat** oder **Krachsalat** ist aus den USA zu uns gekommen und gehört mittlerweile zu den beliebtesten Salatsorten, da er sehr knackig ist. Die Köpfe sollten grundsätzlich fest und von gelbweißer Farbe sein. Eisbergsalat hält sich im Gegensatz zu den meisten anderen Salatsorten einige Tage im Kühlschrank.

Endiviensalat, auch **Eskariol** genannt, ist ein klassischer deutscher Salat mit breiten, gezahnten Blättern, die leicht bitter schmecken können. Er wurde schon von unseren Großmüttern im Herbst und Winter verarbeitet. Die Außenblätter sollten dunkelgrün und das Herz hellgelb sein. Am besten schmeckt er in feine Streifen geschnitten.

Feldsalat, auch **Ackersalat** genannt, wird überwiegend im Herbst oder Winter geerntet. Man unterscheidet die großblättrige, nicht so geschmackvolle Sorte und die kleinere Sorte **Rapunzel** mit zartem Nußaroma. Die Blätter sollten dunkelgrün und fest sein. Feldsalat immer gründlich waschen!

Friséesalat, eine krause Endivie, ist ein grüngelber Kopfsalat, der aus Frankreich stammt und leicht herb schmeckt. Die Blätter sollten fein und zart sein und keine braunen Stellen aufweisen.

Kopfsalat oder **grüner Salat** ist nach wie vor eine der beliebtesten Salatsorten. Achten Sie beim Einkauf auf feste, geschlossene Köpfe. Diese Salatsorte ist mild und paßt daher zu allen Marinaden.

Lollo Rosso stammt aus Italien und ist ein grünroter, krauser Kopfsalat mit mild-zartem Aroma. Achten Sie auch hier auf knackige und feste Köpfe.

Löwenzahn gibt es als grüne oder weiße Sorte. Die grüne ist fest und hart. Sie ist im Handel erhältlich, man kann aber auch die zarten Triebe auf ungedüngten Feldern selbst pflücken. Der gelbe Löwenzahn wird in Frankreich oder Italien kultiviert. Die BLätter schmecken feiner und milder als beim grünen Löwenzahn. Achten Sie bei beiden Sorten darauf, daß sie keine braunen Stellen aufweisen.

Nußsalat, auch **Rauke**, **Ruccola** oder **Roquette** genannt, ist mit Rettich und Radieschen verwandt und schmeckt daher intensiv würzig. Die Blätter sollten fest und dunkelgrün sein. Nußsalat ist der Spitzenreiter unter den Feinschmeckersalaten und eignet sich besonders gut zum Mischen und zu feinen Fleischgerichten.

Pflücksalate gibt es in vielen Variationen und Farben. Das Aroma ist meist herb. Sie eignen sich hervorragend zu Mischsalaten und sollten nach der Ernte möglichst schnell verarbeitet werden.

Radicchio, ebenfalls eine Salatpflanze der Zichorienfamilie, kommt auch aus Italien. Er schmeckt angenehm herbbitter und eignet sich hervorragend für Mischsalate. Die Blätter sollten rot-weiß sein.

Römischer Salat, auch **Römersalat**, **Lattich**, **Latuga**, **Bindesalat** oder **Romaine** genannt, ist wohl eine der knackigsten Sorten und zeichnet sich besonders durch seinen milden Eigengeschmack aus. Die Außenblätter sollten dunkelgrün und fest, die Innenblätter hellgelb sein.

Sauerampfer kann man auf feuchten Wiesen oder an Bachrändern wild pflücken, dabei sollten die Blätter immer dunkelgrün sein. Seit er aber auch angebaut wird, ist er im Handel erhältlich. Durch seine feine Säure eignet er sich hervorragend für feine Mischsalate.

Spinat, der als Salat angeboten wird, wird jung gepflückt und ist deshalb kleiner als der normale Blattspinat. Die Blätter sollten keine braunen Stellen aufweisen, fest und dunkelgrün sein. Das Aroma ist mild und eignet sich sehr gut für Mischsalate. Entfernen Sie aber die dicken Stiele!

Knollen- und Wurzelgemüse

Kohlrabi sollten nach Möglichkeit zartgrün gekauft werden. Die Blätter sollten fest und knackig sein. Wählen Sie kleinere Knollen, da größere meist holzig sind.

Möhren oder **Karotten** schmecken mild und süß. Sie lassen sich ideal mit vielen Salaten kombinieren. Die besten sind kleine Zuckermöhren mit ihrem Grün.

Petersilienwurzeln waren lange Zeit nur eine Suppenzutat. Heute ist das Gemüse aber auch in der Salatküche beliebt. Wählen Sie feste und nicht zu große Wurzeln.

Radieschen, mit dem Rettich verwandt, sind rund und rot, lang und weiß oder rot-weiß im Handel. Am Grün erkennen Sie oft die Frische.

Rettich ist in Bayern eine beliebte Zutat bei der Brotzeit. Wichtig ist, daß Sie feste, knackige Rettiche kaufen.

Rote Bete ist eines der vielseitigsten Wurzelgemüse und hat einen unverwechselbaren erdigen, kräftigen Geschmack. Roh oder gekocht findet sie auch in der feinen Küche ihre Liebhaber. Nach Möglichkeit sollten nur kleine feste Knollen mit Blättern verwendet werden.

Sellerieknollen haben ein würzig-intensives Aroma und können roh oder gekocht auch für Salate verwendet werden. Kleinere Knollen haben einen feineren Geschmack. Mischen Sie Sellerie nach dem Schälen sofort mit etwas Zitronensaft oder mit der Salatsauce, damit er sich nicht dunkel verfärbt.

Schwarzwurzeln haben ein ähnlich zartes Aroma wie Spargel. Sie werden deshalb in der Salatküche gerne zubereitet.

Weiße Rüben sind im Handel auch als **Teltower Rübchen** oder **Navette** bekannt. Die Knollen sollten noch frische grüne Blätter haben, da diese auch verwendet werden können.

Zwiebelfamilie

Gemüsezwiebeln sind nicht so scharf und pikant wie die kleinen Zwiebelsorten. Für feine Salate sind sie aber nicht so gut geeignet.

Lauch oder **Porree** sollte für Salate nur dann verwendet werden, wenn die Stangen noch jung und zart sind.

Frühlingszwiebeln kann man roh oder blanchiert verwenden. Das Grün sollte jedoch frisch und ohne Flecken sein.

Schalotten gehören in jede feine Salatküche, da sie feiner und zurückhaltender würzen. Sie sollten fest, rund oder oval sein.

Knoblauch ist aus der feinen Küche nicht mehr wegzudenken. Will man einen zu intensiven Geschmack vermeiden, sollte man nur jungen, frischen Knoblauch mit Grün verwenden. Besonders zu beachten ist, daß die Zehen fest und knackig sind.

Rote Zwiebeln sind der schärfste Vertreter dieser Gemüsefamilie, man sollte sie nur wohldosiert verwenden.

Kohl- und Fruchtgemüse

Blumenkohl ist wie die Variante **Brokkoli** ein sehr schmackhaftes Gemüse. Die Röschen sollten bei beiden fest und fleckenlos sein. Beide Sorten kann man am besten gekocht oder in eine Marinade eingelegt als Salat verwenden.

Rosenkohl ist ein Herbst- oder Wintergemüse, das nur gegart verarbeitet wird. Achten Sie auf feste, grüne Außenblätter.

Wirsing ist als Salat kaum bekannt, eignet sich jedoch sehr gut. Nehmen Sie nur junge und frische Köpfe für Salate.

Auberginen sollten beim Einkauf stets fest und fleckenlos sein. In Öl gebraten schmecken sie am besten. Erst dann werden sie für Salat verwendet.

Okraschoten sind ein Gemüse aus dem Mittelmeerraum. Die Schoten sollten dunkelgrün, fest und klein sein.

Paprikaschoten sehen dekorativ aus und sind in den Farben Grün, Rot und Gelb erhältlich. Sie sollten eine glatte Oberfläche haben und fleckenlos sein.

Tomaten sind die am meisten verwendete Salatzutat. Angeboten werden Kirsch- oder Cocktailtomaten, Fleischtomaten, Roma- oder italienische Eiertomaten und gewöhnliche Tomaten. Sie sollten immer dunkelrot und nicht zu fest sein.

Artischocke ist ein Distelgewächs und kommt aus dem Mittelmeerraum. Wählen Sie feste, geschlossene Artischocken, die fleckenlos sind. Eßbar sind die inneren zarten Blätter, die Herzen und Böden, müssen jedoch grundsätzlich gekocht werden.

Bleich- oder **Staudensellerie** hat den typischen Selleriegeschmack. Bevorzugen Sie die gelben Stangen, die zarter als die grünen sind.

Fenchel stammt aus Italien und Frankreich. Man erkennt seine Frische an den knackigen Stielen, das Kraut muß dunkelgrün sein. Die Knolle sollte makellos weiß sein. Fenchel kann am besten blanchiert die Grundlage eines Salates sein.

Spargel ist in weißen und mehreren grünen Sorten erhältlich. Die Stangen sollten knackig, fest und am Schnittende nicht ausgetrocknet sein. Spargel zählt zu den feinsten Gemüsen und kann sowohl roh als auch gekocht verwendet werden.

Salatgurken sollten dunkelgrün und fest sein. Für den Salat werden sie meist roh verwendet.

Zucchini sind mit dem Kürbis verwandt. Beim Einkauf sollten sie dunkelgrün, fest und ohne Flecken sein. Man kann sie roh oder gekocht verwenden. Da sie selbst wenig Eigengeschmack besitzen, können sie vielseitig kombiniert werden.

Hülsenfrüchte

Bohnen sind in vielen Sorten auf dem Markt, so zum Beispiel die flache Butterbohne, die sich hervorragend als Salat zubereiten läßt, oder die Keniabohne, eine Neuzüchtung mit gutem Aroma. Dicke Bohnen schmecken frisch enthülst ebenfalls sehr delikat. Schnittbohnen werden kaum in Salaten verwendet. Getrocknet sind weiße, schwarze, rote, grüne und bunte Bohnen erhältlich. Weichen Sie die Hülsenfrüchte vor dem Kochen immer ein. Sie sind dann nicht nur bekömmlicher, sondern Sie sparen auch Energie und Zeit. Für Salate sollte man übrigens größere Bohnensorten vorziehen.

Erbsen schmecken am besten, wenn sie noch sehr klein sind. Sie sind dann zart und süß. Eine Delikatesse sind die Zuckererbsen oder Zuckerschoten. Hier wird die kleine, flache Hülse mit dem kaum entwickelten Samen gegessen.

Linsen gibt es ebenfalls in ganz unterschiedlichen Farben und Größen. Bei uns sind die braunen am häufigsten zu finden. Probieren Sie jedoch auch die viel kleineren grünen Puy-Linsen aus Südfrankreich und die milden roten Linsen aus dem Orient.

Keime und Sprossen

Knackige Keime und Sprossen sind hochwertige Nahrungsmittel, die man aus Samen von Getreide, Ölsaaten und Hülsenfrüchten selber ziehen oder fertig gekeimt kaufen kann. In den kleinen Samenkörnern steckt geballte natürliche Kraft, weil sich während des Keimprozesses die Inhaltsstoffe verändern: Der Gehalt an Vitaminen, Eiweiß und mehrfach ungesättigten Fettsäuren steigt, der Kaloriengehalt nimmt dagegen ab. Keime und Sprossen liefern außerdem reichlich Ballast- und Mineralstoffe wie Kalium, Kalzium, Natrium, Zink, Magnesium, Phosphor und Eisen.

Adzukibohnensprossen schmekken süßlich und leicht nußartig. Sie werden roh in Salate gestreut.

Alfalfasprossen sind die Sprossen der Luzerne, einer Kleeart. Sie ähneln der Gartenkresse und schmekken würzig-mild. Beim Keimen wachsen die Sprossen etwas zusammen, daher sollte man sie vor der Verwendung leicht auseinanderzupfen.

Erbsensprossen schmecken süßlich und erinneren an junge Gartenerbsen. Erbsensprossen sind gute Vitaminlieferanten und enthalten viele Mineralstoffe wie beispielsweise Kalium, Kalzium, Natrium, Eisen und Mangan.

Gerstensprossen schmecken auffallend süß. Aus diesem Grund eignen sie sich pur hervorragend zum Überstreuen von Salaten.

Linsensprossen enthalten reichlich Eiweiß, schmecken süß und leicht nußartig. Sie sind Hauptbestandteil oder nur ein pikanter Zusatz von Salaten.

Mungobohnensprossen schmekken knackig frisch wie junge Erbsen und leicht süßlich. Sie sind mineralstoffreich und passen zu allen Salaten.

Rettichsprossen sind die gekeimte Rettichsaat. Je nach Rettichsorte ist der Geschmack der Sprosse oder des Rettichgrüns scharf oder mild. Rettichsprossen eignen sich hervorragend als Salatgewürz.

Sojabohnensprossen werden aus grünen Sojabohnen gezogen. Sie schmecken knackig-frisch und haben einen hohen Eiweißanteil.

Sonnenblumensprossen sind die gekeimten Kerne der Sonnenblume. Mit ihrem nußartigen Geschmack verfeinern sie alle Salate. Beim Sonnenblumengrün hat das ganze Pflänzchen ein nußartiges Aroma.

Weizensprossen sind gekeimte Weizenkörner und haben wie alle Getreidesprossen einen süßlichen Geschmack, der gut mit süßen und pikanten Salatzutaten harmoniert.

Salatkräuter

Basilikum ist das klassische Tomatengewürz, eignet sich aber auch für andere Speisen. Fein gehackt würzt es Saucen aller Art. Es sollte aber immer im letzten Moment zugegeben werden, damit das gesamte Aroma erhalten bleibt.

Bohnenkraut eignet sich kleingehackt am besten für Blatt- und Mischsalate, ist aber auch Bestandteil der provenzalischen Kräutermischung. Bei Bohnensalaten ist es unerläßlich.

Borretsch oder **Gurkenkraut** ist das bekannteste Gurkengewürz. Die jungen, zart behaarten Blätter ergeben einen wohlschmeckenden, eigenständigen Salat, feingeschnitten sind sie aber auch in Mischsalaten gute Begleiter. Die dekorativen Blüten eignen sich besonders zur Garnitur.

Dill ist ein stets willkommenes Kraut für Gurkensalat, Blumenkohl und Spargel. Verwenden sollte man immer nur die fein gefiederten Blätter und niemals die Stiele.

Estragon braucht viel Sonne, um sein Aroma zu entwickeln. Er eignet sich besonders für Gurken- und Zucchinisalate. Die Blätter werden dann fein geschnitten. Legt man ein paar Zweige in Weißweinessig, so geben diese ihr Aroma ab, und man hat das ganze Jahr hindurch einen feinwürzigen Essig zur Hand.

Kerbel eignet sich mit seinem feinen, süßlichen Aroma für alle Salate. Geben Sie Kerbel immer erst kurz vor dem Servieren an den Salat.

Kresse gibt es in drei Sorten. Die Brunnen- oder Bachkresse kauft man aus Züchtungen oder pflückt sie selbst. Sie eignet sich wie auch die Kapuzinerkresse für alle Mischsalate. Bei reichhaltiger Ausbeute ist sie jedoch auch solo ein Genuß. Die Blüten der Kapuzinerkresse sind sehr dekorativ und auch eßbar. Die Gartenkresse wird fast immer zusammen mit Tomaten und Blattsalaten verwendet. Sie können sie selbst ziehen oder auf kleinen Tabletts kaufen. Im Garten selbst angebaut werden die Pflänzchen jedoch sehr viel größer.

Liebstöckel hat ein süßlich-bitteres Aroma und eignet sich fein gehackt vorzüglich als Salatgewürz. Allerdings gilt hier die Devise: Weniger ist mehr, da der Geschmack sehr dominierend ist. Verwenden Sie nur die zarten, kleinen Blätter.

Majoran als Gewürz sollte nur sehr sparsam verwendet werden, es übertönt sonst jeden anderen Geschmack. Für Salate ist dieses Kraut kaum geeignet.

Petersilie ist aus der Küche nicht mehr wegzudenken. Die glattblättrige Petersilie ist geschmacksintensiver als die krause, die jedoch weitaus häufiger angeboten wird.

Minze hat ein unverwechselbares Aroma und dient nur selten als Würzzutat bei Salaten.

Pimpinelle hat einen feinen, nußartigen Geschmack und eignet sich besonders gut als Salatzugabe.

Rosmarin ist ein typisches Kraut aus dem Mittelmeerraum, das seine herbe Würze fein geschnitten als Beigabe zu Salatgerichten entwickelt. Auch hier muß man aber vorsichtig dosieren.

Salbei mit seinen leicht behaarten, aromatischen Blättern ist in der Salateküche noch ein ungewöhnlicher Zusatz.

Schnittlauch ist neben Petersilie das am häufigsten verwendete Kraut. Sein Aroma ist mild und würzig. Er kann reichlich Salaten und Gemüsen zugegeben werden.

Thymian, das meist verwendete Gewürz in Frankreich, dient bei uns als herzhafte Beigabe bei Bohnen-Zucchini-, Tomaten- und Käsesalaten.

Zitronenmelisse schmeckt intensiv nach Zitrone und eignet sich sehr gut zu Mischsalaten, sollte jedoch erst im letzten Moment einem Gericht zugegeben werden.

Salatgewürze

Die Kunst, Gewürze wohl zu dosieren und zu kombinieren, macht wesentlich eine gute Küche aus. Darüber hinaus kann man bei richtigem Einsatz von Gewürzen größtenteils auf Kochsalz verzichten. Allerdings hebt Salz den Geschmack der Speisen, so daß Sie stets eine Prise verwenden sollten. Geben Sie nach Möglichkeit Meersalz den Vorzug. Auf fertige Gewürzmischungen sollte man verzichten, da fast alle zuviel Salz enthalten. Kaufen Sie Gewürze nur als ganze Körner, Wurzeln usw., und mahlen Sie sie bei Bedarf frisch. Erst dann entwickeln sie das volle Aroma. Hier nun einige der wichtigsten Salatgewürze:

Cayennepfeffer ist das Pulver aus den kleinen, sehr scharfen Chilischoten.

Chili, sowohl die frische Schote als auch die Gewürzsauce Tabasco, ist für fast alle Salate geeignet, muß aber vorsichtig dosiert werden.

Curry ist eine Gewürzmischung aus dem Orient. Je nach Landesteil, Hersteller und Herkunft variiert der Geschmack. In der Salatküche wird er für Reis-, Geflügel- oder Eiersalate verwendet.

Ingwer schmeckt sehr scharf. Es sollte die Ingwerwurzel frisch gerieben verwendet werden, allerdings nur sehr vorsichtig dosiert, so z.B. bei exotischen Bohnen-, Geflügel- oder Fruchtsalaten.

Kümmel hat einen herben, würzigen Geschmack und macht viele Gerichte bekömmlicher.

Kurkuma ist eine Verwandte des Ingwers. Sie gibt Curry die gelbe Farbe und paßt zu allem Exotischen.

Lorbeerblätter sind herb und bitter, deshalb wird immer nur ein Blatt mitgekocht. Sie würzen vor allem Beizen und Marinaden.

Macis, auch **Muskatblüte** genannt, ist der Samenmantel, der die harte Muskatnuß umgibt. Sie schmeckt milder und aromatischer als diese.

Muskatnuß ist ein vielseitig verwendbares Gewürz, manchmal rundet es den Gesamtgeschmack hervorragend ab. Bei Eiersalaten und Mayonnaisen ist Muskatnuß unverzichtbar.

Paprika gibt es in verschiedenen Schärfegraden: Delikateßpaprika (sehr mild), Edelsüßpaprika (mild) und Rosenpaprika (sehr scharf). Paprika darf man nie ins heiße Fett geben!

Pfeffer gibt es in mehreren Arten: Der weiße Pfeffer ist die schärfste Pfefferart mit dem am wenigsten ausgeprägten Aroma. Er findet hauptsächlich für helle Saucen, Salate und Gemüse Verwendung.

Der **schwarze Pfeffer** ist weniger scharf, hat aber ein kräftiges Aroma und eignet sich deshalb fast zu allen Salaten und Speisen. Wird in den Rezepten nicht ausdrücklich auf die Pfeffersorte hingewiesen, sollte man schwarzen Pfeffer aus der Mühle verwenden.

Grüner Pfeffer sind die unreif geernteten Beeren des Pfefferstrauches. Er zeichnet sich durch sein mildes Aroma aus und kann deshalb bei fast allen Salaten und Speisen verwendet werden. Er ist eingelegt in Salzlake oder getrocknet erhältlich.

Der **rosa Pfeffer** ist fast ohne Schärfe, hat aber ein sehr feines und eigenes Aroma und ist daher bereits in vielen Küchen unentbehrlich geworden.

Eine bunte **Pfeffermischung** ist für fast alle Salate und Gemüse geeignet, da durch die Würze ein interessanter Geschmack entsteht.

Piment oder **Nelkenpfeffer** ist in der feinen Salatküche nur sehr sparsam einzusetzen. Eventuell können einige Körner der Pfeffermischung zugesetzt werden.

Senfkörner nimmt man zum Beizen und zum Einlegen von Gemüse.

Vanilleschoten kauft man in Glasröhrchen verpackt. Vanille ist ein typisches Süßspeisengewürz und findet daher bei entsprechenden Salaten Verwendung.

Wacholderbeeren würzen alle Arten von Beizen, Marinaden, Sud, Suppen und Saucen.

Zimt gibt es als ganze Stange (Kaneel) oder gemahlen. Er ist rotbraun, kräftig-würzig und leicht herb im Geschmack. Er paßt zu Kuchen und Desserts, aber auch zu Reis, Geflügel und Kalbfleisch.

Pfeffer

Essig und Öl

Essigsorten

Ein Salat ohne Säure wäre wie ein Orchester ohne Dirigent, ein harmonisches Zusammenspiel käme nicht zustande. Zum Glück sind die Zeiten der traurigen Essig- und Zitronensaftmischungen vorbei. Heute sind es keineswegs mehr nur die teuren Delikatessengeschäfte, die mit einem umfangreichen Angebot von feinstem Essig aufwarten. Auch im Supermarkt erhält man hervorragend geeignete Sorten:

Sherryessig steht bei den gehobenen Essigsorten in der Beliebtheitsskala an erster Stelle. Er wird der Qualität der Grundweine entsprechend zu unterschiedlichen Preisen angeboten.

Himbeeressig sollte man für die ganz feinen Salate wählen oder einen anderen auf Fruchtbasis beruhenden wie **Cassisessig** oder den noch feineren **Erdbeeressig**. Aber auch die schlichteren Sorten der gehobenen Klasse wie Zitronen-, Kräuter-, Estragon-, Schalotten- oder Knoblauchessig gereichen jedem Salat zur Ehre.

Weinessig muß immer aus erstklassigem Grundessig bestehen, wenn er Qualität bieten soll. Das gilt gleichermaßen für den Weißwein- wie für den Rotweinessig.

Balsamessig aus Italien (**Aceto balsamico**) ist der feinste vom feinen Essig. Er ist durch jahrelange Lagerung in Eichenfässern von tiefbrauner Farbe und einer dickflüssigen Konsistenz, von unvergleichlich süßsäuerlichem Geschmack und wird meist nur tropfenweise verwendet.

Honigessig stammt ursprünglich aus Asien. Er zeichnet sich durch seine angenehme Säure aus. Im Handel findet man ihn in Feinkostläden.

Salatöle

Wer schon für Essig tief in die Tasche greift, darf beim Öl nicht knausrig sein, denn natürlich hat auch hier die Qualität ihren Preis, der sich aber beim Genuß dann voll und ganz auszahlt.

Olivenöl steht an erster Stelle bei der Verwendung in der Salatküche. Hier gibt es aber ganz erhebliche Qualitätsunterschiede, die allerdings nur bedingt auf die Anbaugebiete zurückzuführen sind. Vielmehr liegt es daran, daß die Olive mehrfach ausgepreßt wird und jedesmal ein minderwertigeres Produkt liefert. Die erste, sogenannte kalte Pressung ergibt mit dem Jungfernöl ein Produkt von absoluter Reinheit. Dieses Öl, das die Italiener olio vergine nennen, gehört zu den wertvollsten Fetten, die uns zur Verfügung stehen. Darüber hinaus hat das Jungfernöl ein zartes, nußartiges Aroma. Ganz feine Geschmacksnuancen und auch Farbunterschiede ergeben sich aus den jeweiligen Anbaugebieten.

Soja-, **Weizen-** und **Maiskeimöl** sind in erster Linie geschmacksneutrale Öle und daher besonders geeignet bei der Salatzubereitung.

Sesam-, **Mandel-**, **Walnuß-** oder **Haselnußöl** verleugnen ihre guten Eigenschaften auch in einer Salatsauce nicht und werden daher mehr und mehr von Feinschmeckern bevorzugt.

Distelöl findet man mittlerweile auch in Supermärkten. Es eignet sich wegen seines neutralen Geschmacks hervorragend auch für alle Arten von Salaten.

Traubenkernöl findet gerade in der Salatküche immer mehr Anklang, weil es ebenso wie das Distelöl weitgehend geschmacksneutral ist. Auch hier gibt es aber große Qualitätsunterschiede. Am besten ist das kaltgepreßte, das eine tiefgrüne Farbe hat und insbesondere für Kräuterdressings Verwendung findet.

Salatsaucen und Fonds

Dressings

Mayonnaise

3 Eigelbe
1 TL Weißweinessig
oder Saft von 1/2 Zitrone
1/2 TL Dijonsenf
Salz
schwarzen Pfeffer aus der Mühle
1 Prise Zucker
1/2 l Distel- oder Traubenkernöl

So wird's gemacht:

1. Die Eigelbe, den Essig oder den Zitronensaft, den Senf, wenig Salz, Pfeffer und die Prise Zucker in eine Rührschüssel geben und mit dem Schneebesen zu einer glatten cremigen Masse verrühren.
2. Dann das Öl tröpfchenweise gleichmäßig unterschlagen.

Sahnedressing

4 EL frisch gepreßten Zitronensaft
1/2 TL scharfen Senf
Salz
1 Prise Zucker
schwarzen Pfeffer aus der Mühle
1/8 l süße Sahne

So wird's gemacht:

1. Den Zitronensaft mit Senf verrühren und mit Salz, Zucker und Pfeffer pikant würzen.
2. Die Sahne halbsteif schlagen, dabei nach und nach den Zitronensaft einlaufen lassen. Auf diese Weise gerinnt die Sauce nicht, sondern bleibt glatt und geschmeidig.

Vinaigrette

1 Bund Kräuter der Saison
(mindestens aber Petersilie, Kerbel, Schnittlauch und Estragon)
2 Schalotten
2 hartgekochte Eigelb
2 EL Kräuteressig
1/2 TL scharfen Senf
Salz
schwarzen Pfeffer aus der Mühle
5 EL kaltgepreßtes Olivenöl

So wird's gemacht:

1. Die Kräuter waschen, trockentupfen und hacken. Die geschälten Schalotten sehr fein hacken.
2. Die Eigelbe durch ein Sieb streichen, mit Kräuteressig und Senf verrühren und mit Salz und Pfeffer nach Geschmack würzen.
3. Nach und nach das Öl unterrühren. Zum Schluß Kräuter und Schalotten zufügen.

Thousand-Islands-Dressing

1/2 kleine rote Paprikaschote
1/2 kleine grüne Paprikaschote
1 Schalotte
50 g Mayonnaise
4 EL saure Sahne
Salz
edelsüßes Paprikapulver
Chilisauce

So wird's gemacht:

1. Die gewaschenen und geputzten Paprikaschoten ganz fein hakken. Die geschälte Schalotte ebenfalls hacken.
2. Mayonnaise und saure Sahne vermischen, mit Salz, Paprika und Chilisauce würzen und die gehackten Paprikaschoten und Schalotten untermischen.

Fonds

Als Grundlage feiner Salatmarinaden dienen häufig Fonds, die mit etwas Zeitaufwand selbst herzustellen, allerdings auch als Fertigprodukt im Handel erhältlich sind. Die Basis der Fonds sind klein gehackte Knochen von Kalb, Rind oder Wild und Karkassen von Geflügel und Fisch. Alle Fonds sind in gleicher Weise herzustellen, man muß nur die Knochen und das Fleisch der jeweiligen Tiere verwenden.

Grundrezept Kalbsfond

Sie benötigen für 1 Liter:

2 kg Kalbsknochen und
rohe Kalbfleischreste
0,3 l trockenen Weißwein
2 1/2 l Wasser
100 g Karotten
100 g Zwiebeln
50 g Sellerie
1 Stange Lauch
1 Zweig Thymian
5 g weiße Pfefferkörner
3 Lorbeerblätter
1 kleine Knoblauchzehe mit Schale
1 Petersilienwurzel oder -stengel

So wird's gemacht:

1. Knochen grob zerhacken, Fleischreste zerkleinern, mit Wein und kalten Wasser bedecken und alles zum Kochen bringen.
2. Mit einer Schaumkelle abschäumen und die Hitze so weit herunterschalten, daß der Fond nur noch köchelt.
3. Das Gemüse putzen, waschen und zerkleinern, zum Fond geben und im offenen Topf bei kleiner Hitze etwa 4 1/2 Stunden köcheln lassen.
4. Ein Sieb mit einem Küchentuch auslegen, den Fond durchpassieren, abkühlen lassen. Die erstarrte Fettschicht abheben.

Frische Salate

Seitdem Lollo Rosso, Radicchio, Chicorée, Frisée- und Eisbergsalat auf unseren Märkten angeboten werden, ist die bunte Vielfalt auch bei den frischen Blattsalaten sichergestellt.

In der Kombination mit raffinierten Dressings – eine Vielzahl von Essigsorten und kaltgepreßten Ölen machen sie möglich – bevorzugen immer mehr Feinschmecker anstatt der früher üblichen Suppe knackige Salate als Einstimmung auf ein festliches Mahl.

Frische Salate sind aber auch die idealen Muntermacher für zwischendurch: Sie machen satt, sind aber leicht und bekömmlich, sie sind kalorienarm und daher gesund, schmecken aber herzhaft und vorzüglich.

Eichblattsalat in Dillrahm

Sie benötigen für 4 Personen:

Für den Salat:

1 großen Kopf Eichblattsalat

(oder 2 kleine Köpfe)

Für das Salatdressing:

1 Bund Dill

1 Becher (100 g) Crème fraîche

4 EL süße Sahne

2 EL Zitronensaft

Salz

Cayennepfeffer

Worchestersauce

Zum Garnieren:

25 g hauchdünn geschnittenen

Räucherlachs

So wird's gemacht:

1. Den Eichblattsalat zerpflücken, die Blätter waschen und gut trokkenschleudern.
2. Für das Dressing den Dill abspülen, trockentupfen und fein schneiden. Crème fraîche, Sahne und Zitronensaft mit einem Schneebesen zu einer schaumigen Sauce verrühren und mit Salz, Cayennepfeffer sowie Worcestersauce pikant würzen. Mit dem Dill vermischen.
3. Den Eichblattsalat auf 4 Portionstellern anrichten und mit dem Dillrahmdressing übergießen.
4. Den Salat mit den Lachsstreifen garnieren.

Grüner Salat mit Trauben

Sie benötigen für 4 Personen:

Für den Salat:

200 g blaue Weintrauben

1 reifen Pfirsich

100 g Mandarinorangen (Dose)

1 großen Kopfsalat

Für die Sauce:

3 EL Crème fraîche

2 EL Mandarinensaft

2 EL Rotweinessig

1 EL Walnuß- oder Mandelöl

Salz

weißen Pfeffer aus der Mühle

1 Prise gemahlenen Koriander

So wird's gemacht:

1. Die Weintrauben waschen und abtropfen lassen. Die Weinbeeren von den Stielen zupfen, halbieren und entkernen. Den Pfirsich mit kochendem Wasser überbrühen, 1 Minute ziehen lassen, dann häuten. Den Pfirsich halbieren, entsteinen und das Fruchtfleisch in kleine Würfel schneiden. Die Mandarinorangen abtropfen lassen (den Saft nicht wegschütten, wird für die Sauce benötigt).
2. Den Kopfsalat putzen und zerpflücken. Die Blätter waschen, trockenschleudern und zerzupfen. Dabei die harten Stiele entfernen.
3. Crème fraîche, Mandarinensaft, Essig und Öl mit dem Schneebesen zu einer schaumigen Salatsauce verrühren. Mit Salz, Pfeffer und Koriander abschmecken.
4. Alle Salatzutaten mit der Sauce locker, aber gründlich mischen. Den Salat auf 4 Tellern anrichten und sofort servieren.

Bataviasalat mit Mandeln

Sie benötigen für 4 Personen:

Für den Salat:

1 Kopf Bataviasalat

3 Frühlingszwiebeln

4 Stengel Basilikum

4 große Borretschblätter

Für die Sauce:

3 EL Sherryessig

2 EL trockenen Sherry

1 Messerspitze feinen Kräutersenf

1 Prise Zucker

1 Prise Salz

weißen Pfeffer aus der Mühle

5 EL kalt gepreßtes Olivenöl

Zum Garnieren:

40 g blättrig geschnittene Mandeln

5 g Butter

So wird's gemacht:

1. Den Salat putzen und zerpflükken. Die Blätter waschen und trockenschleudern. Die Frühlingszwiebeln putzen. Die weißen Teile ganz fein hacken und das Grün in etwa 5 mm dicke Röllchen schneiden.
2. Basilikum und Borretsch abspülen und trockentupfen. Die Basilikumblättchen von den Stielen zupfen, die Borretschblätter in feine Streifen schneiden.
3. Aus Sherryessig, Sherry, Senf und den Gewürzen eine glatte Salatsauce rühren, bis sich Salz und Zucker aufgelöst haben. Dann erst mit dem Schneebesen das Öl einschlagen, damit die Sauce leicht cremig wird.
4. Die Mandeln in einer beschichteten Pfanne in der heißen Butter ganz leicht bräunen. Auf Haushaltspapier abfetten lassen.
5. Alle Salatzutaten mit der Salatsauce vermischen, mit Mandeln bestreuen und sofort servieren.

Salatherzen mit Eiern und Tomaten

Sie benötigen für 4 Personen:

Für die Marinade:

150 g Joghurt
125 g Sahne
Saft von 1 Zitrone
1 Schale Gartenkresse
Salz
Zucker
rosa Pfeffer aus der Mühle

Für den Salat:

3 kleine Kopfsalate
2 Schalen Gartenkresse
4 Eier
2 Fleischtomaten

So wird's gemacht:

1. Den Joghurt, die Sahne und den Zitronensaft verrühren. Die Gartenkresse unter fließendem kaltem Wasser abspülen, mit einer Schere vom Anzuchtmaterial abschneiden, fein hacken und unterrühren. Mit Salz, Zucker und Pfeffer abschmecken.
2. Den Salat putzen, nur die gelben Blätter verwenden. Die Stiele aus den Blättern herausbrechen. Den geputzten Salat in kaltem Wasser vorsichtig waschen, in der Salatschleuder trockenschleudern.
3. Die Gartenkresse waschen, mit einer Schere vom Anzuchtmaterial schneiden und auf einem Küchenpapier abtropfen lassen.
4. Die Eier 5 Minuten kochen, in kaltem Wasser abschrecken und pellen. Die Eigelbe herauslösen und in Scheiben schneiden, die Eiweiße grob hacken.
5. Die Tomaten waschen, auf der Oberseite über Kreuz einritzen, in kochendem Wasser etwa 20 Sekunden blanchieren. Anschließend in Eiswasser abschrecken. Die Haut abziehen, die Stengelansätze herausschneiden und das Tomatenfleisch in Würfel schneiden.
6. Den Blattsalat vorsichtig mit der Marinade mischen und auf mittelgroßen Tellern anrichten, mit den Eiweißwürfeln bestreuen, die Eigelbscheiben auf dem Salat anordnen, die Tomatenwürfel darübergeben und das Ganze mit der Kresse garnieren.

Eichblattsalat mit Paprika

Sie benötigen für 4 Personen:

Für den Salat:

1 Eichblattsalat
Saft von 1/2 Zitrone
einige Tropfen Olivenöl
Meersalz
weißen Pfeffer aus der Mühle
1 Gemüsezwiebel
1 rote Paprikaschote
1 gelbe Paprikaschote
1 Bund Radieschen
1 Bund Schnittlauch

Für das Dressing:

150 g Joghurt (ohne Geschmack)
3 EL Crème fraîche
Saft von 1/2 Zitrone
1 TL grüne Pfefferkörner
Meersalz
weißen Pfeffer aus der Mühle
Cayennepfeffer

So wird's gemacht:

1. Den Eichblattsalat putzen, waschen, trockenschleudern und in mundgerechte Stücke zerpflükken, auf 4 Tellern anrichten. Mit Zitronensaft und Olivenöl beträufeln und mit Meersalz und Pfeffer bestreuen.
2. Die Gemüsezwiebel schälen und in hauchdünne Streifen schneiden. Die Paprikaschoten putzen, halbieren, entkernen, waschen und ebenfalls in hauchdünne Streifen schneiden.
3. Die Radieschen putzen, waschen und klein schneiden. Den Schnittlauch waschen und schneiden.
4. Für das Dressing alle Zutaten verrühren und mit den Gewürzen gut abschmecken.
5. Radieschen, Schnittlauch, Zwiebel und die Paprikaschoten mit dem Dressing mischen. Den Salat auf dem Eichblattsalat anrichten.

Kopfsalat mit Lachs

Sie benötigen für 4 Personen:

Für die Marinade:

150 g Joghurt
2 EL Sahne
1 Bund Schnittlauch
1/4 TL frisch geriebenen Meerrettich
Salz
weißen Pfeffer
Zucker
etwas Zitronensaft

Für den Salat:

2 Kopfsalate
200 g Räucherlachs in Scheiben
2 rosa Grapefruits

Zum Garnieren:

frischen Schnittlauch

So wird's gemacht:

1. Den Joghurt mit der Sahne verrühren. Den Schnittlauch waschen, trockentupfen und fein schneiden.
2. Den Joghurt, den Schnittlauch und den Meerrettich verrühren und die Marinade mit Salz, Pfeffer, Zucker und Zitronensaft abschmecken.
3. Den Salat putzen, nur die gelben Innenblätter verwenden. Die Stiele herausbrechen und die Blätter vorsichtig in kaltem Wasser waschen, in einer Salatschleuder trockenschleudern.
4. Die Grapefruits mit einem Messer schälen, so daß auch die weiße Haut mit entfernt wird und das reine Fruchtfleisch übrigbleibt. Anschließend mit einem scharfen Messer die Filets aus den Trennhäuten schneiden.
5. Den Salat vorsichtig mit der Marinade mischen und auf mittelgroßen Tellern anrichten.
6. Die Lachsscheiben zu Röschen aufwickeln, auf den Salatblättern anrichten. Das Ganze mit Schnittlauch und den Grapefruitfilets garnieren.

Avocadosalat

Sie benötigen für 4 Personen:

Für die Marinade:

4 Blätter Basilikum
3 EL Traubenkernöl
2 EL Walnußöl
Salz
Zucker
weißen Pfeffer aus der Mühle
Saft von 1 Zitrone
1 TL Balsamessig

Für den Salat:

350 g jungen Blattspinat
100 g frische Champignons
2 reife Avocados
50 g Pinienkerne

So wird's gemacht:

1. Das Basilikum waschen und fein hacken, in eine Schüssel geben und mit dem Öl verrühren. Die Gewürze und den Essig dazugeben und alles mit dem Zitronensaft verrühren. Dann die gehackten Basilikumblätter dazugeben.
2. Die Spinatblätter sorgfältig verlesen, entstielen und mehrmals vorsichtig waschen, trockenschleudern oder auf einem Sieb gut abtropfen lassen.
3. Die Champignons waschen, in feine Scheiben schneiden und mit etwas Zitronensaft beträufeln. Die Avocados der Länge nach halbieren, den Kern entfernen und die Hälften schälen. 2 Avocadohälften quer in Scheiben schneiden. Die anderen Hälften der Länge nach in Streifen schneiden.
4. Die Pinienkerne mit einem Messer grob hacken.
5. Den Spinat, die Champignons und die Avocadoscheiben in die Marinade geben und vorsichtig unterheben.
6. Den Salat auf mittelgroßen Tellern anrichten, mit den Avocadostreifen garnieren und mit den grob gehackten Pinienkernen bestreuen.

Bunter Frühlingssalat

Sie benötigen für 2 Personen:

Für den Salat:

200 g Blattsalat
7 – 8 Gänseblümchenblüten
7 – 8 Lavendelblüten
7 – 8 Holunderblüten
7 – 8 rote Taubnesselblüten
1 TL Kerbelblätter
1 TL Brunnenkresse
1 Frühlingszwiebel
5 Radieschen

Für die Marinade:

2 EL Apfelessig
1 EL Zitronensaft
1 TL mittelscharfen Senf
1 EL Gemüsebrühe
1 TL Crème fraîche
3 EL kaltgepreßtes Sonnenblumenöl
etwas weißen Pfeffer aus der Mühle

So wird's gemacht:

1. Den Blattsalat waschen, putzen und mit einem Küchentuch trokkentupfen. Die Blätter in mundgerechte Stücke zupfen.
2. Die Blüten von den Stielen zupfen.
3. Die Frühlingszwiebel putzen, waschen und in Ringe schneiden. Die Radieschen waschen und in feine Stifte schneiden.
4. Für die Marinade den Essig, den Zitronensaft, den Senf und die Gemüsebrühe verrühren. Die Crème fraîche und das Öl dazugeben, dann alles gut mischen.
5. Den Pflücksalat in der Marinade wenden und auf zwei Tellern anrichten. Die Blüten, die Kräuter, die Radieschenstifte und die Zwiebelringe darüberstreuen.
6. Zum Abschluß mit der Pfeffermühle noch ein wenig Pfeffer darübermahlen.

Tip:

Mit Kräutern und Blüten lassen sich wunderbare Salate zaubern. Sollten Sie einen kleinen Garten besitzen, so finden Sie dort immer wieder neue Zutaten: zum Beispiel Schlüsselblumenblüten, Ringelblumen, Löwenzahn, echte Veilchenblüten, Salbeiblüten und sogar Schnittlauchblüten. Probieren Sie auch einmal duftende Rosenblüten zu einem Salat mit einer Marinade aus Rosenblütenessig. Wichtig ist jedoch, daß die Blüten nicht mit Pestiziden verseucht wurden.

Chinakohlsalat

Sie benötigen für 2 Personen:

Für den Salat:

2 Tomaten
60 g Zuckerschoten
1/2 Chinakohl
40 g Brunnenkresse
2 Schalotten

Für die Vinaigrette:

1 EL Rotweinessig
1 EL Apfelessig
1 TL Apfeldicksaft
1 TL kaltgepreßtes Kürbiskernöl
2 EL kaltgepreßtes Sonnenblumenöl
etwas weißen Pfeffer aus der Mühle
etwas abgeriebene Schale einer unbehandelten Zitrone

So wird's gemacht:

1. Die Tomaten enthäuten. Dazu den Stielansatz herausschneiden und die Haut oben kreuzförmig einschneiden. Die Tomaten für 12 Sekunden in kochendes Wasser geben, dann herausnehmen, abschrecken und enthäuten. Die Tomaten entkernen und in Streifen schneiden.
2. Die Zuckerschoten waschen, die Fäden abziehen und die Schoten längs in feine Streifen schneiden.
3. Den Chinakohl waschen und in Streifen schneiden. Die Brunnenkresse waschen und trockentupfen.
4. Die Schalotten schälen und in sehr feine Würfel schneiden.
5. Für die Vinaigrette alle Zutaten gut mischen, die Salatzutaten darin 10 Minuten marinieren, dann den Salat anrichten.

Tip:

Rauke ist ein sehr aromatisches Würzkraut. Es erinnert im Geschmack ein wenig an Kresse und kann, sollten Sie es einmal nicht bekommen, zu diesem Rezept auch durch Brunnen- oder Gartenkresse ersetzt werden.
Das Kürbiskernöl ist eine Spezialität aus der Steiermark. Es hat einen unverwechselbaren besonderen Geschmack und ist in Feinkostläden erhältlich.
Übrigens: Die andere Hälfte des Chinakohls können Sie als leichtes Gemüse anderweitig zubereiten.

Brunnenkressesalat mit Champignons

Sie benötigen für 4 Personen:

Für die Vinaigrette:

1/8 l Geflügel- oder Kalbsfond (S. 20)
2 Schalotten
1/2 TL Dijonsenf
2 EL Himbeeressig
Salz
weißen Pfeffer aus der Mühle
2 EL Walnußöl
2 EL Traubenkernöl

Für den Salat:

2 Bund Brunnenkresse
300 g rosa Steinpilzchampignons
16 Kirschtomaten

So wird's gemacht:

1. Den Fond in einen Topf geben und erhitzen. Die Schalotten schälen, fein hacken, in den Fond geben und 1 Minute kochen lassen.
2. Den Fond abkühlen lassen, bis er handwarm ist. In einen Mixbecher füllen, den Senf und den Essig dazugeben, mit Salz und Pfeffer würzen und das Öl nach und nach untermixen.
3. Die Brunnenkresse abzupfen, in kaltem Wasser waschen und trockenschleudern.
4. Die Champignons putzen, die Stielenden abschneiden und den Sand mit einem feuchten Tuch abreiben. Die Pilze unter fließendem kaltem Wasser ganz kurz waschen und abtropfen lassen. 200 g Champignons in feine Streifen schneiden.
5. Die Brunnenkresse und die Champignonstreifen mit der Vinaigrette vorsichtig mischen und auf großen Tellern anrichten.
6. Die Kirschtomaten waschen, halbieren und auf dem Salat verteilen. Die restlichen Champignons mit einem Küchenhobel zur Garnitur über den Salat hobeln.

Ochsenmarksalat

Sie benötigen für 4 Personen:

Für die Marinade:

1 EL Walnußöl
4 EL Traubenkernöl
2 EL Sherryessig
1 EL Sherry
4 EL Rinder- oder Kalbsfond (S. 20)
Salz
Zucker
schwarzen Pfeffer aus der Mühle

Für den Salat:

2 Bund Brunnenkresse
1/2 Stangenweißbrot
Ochsenmark von 4 mittelgroßen Markknochen
Salz
schwarzen Pfeffer aus der Mühle
4 Schalotten
2 EL Traubenkernöl

So wird's gemacht:

1. Das Walnuß- und das Traubenkernöl mit dem Sherryessig, dem Sherry und dem Fond in einem Mixer gut verquirlen und mit Salz, Zucker und Pfeffer abschmecken.
2. Die Brunnenkresse abzupfen, in kaltem Wasser waschen und trockenschleudern.
3. Das Brot in dünne Scheiben schneiden und in einer Pfanne auf einer Seite leicht rösten. Das Ochsenmark in Scheiben schneiden, auf das Brot setzen, würzen und unter dem Grill gratinieren.
4. In der Zwischenzeit die Schalotten schälen, in feine Scheiben schneiden und in dem Traubenkernöl goldbraun rösten.
5. Die Brunnenkresse in der Marinade wenden, auf mittelgroßen Tellern anrichten, die Ochsenmarkcroûtons daraufsetzen und mit den Schalotten bestreuen. Den Salat sofort servieren.

Römischer Salat

Sie benötigen für 4 Personen:

Für die Marinade:

20 g mageren Speck
5 EL Walnußöl
2 Schalotten
Saft von 1 Zitrone
2 Eigelb
4 Blätter Basilikum
Salz
schwarzen Pfeffer aus der Mühle

Für den Salat:

1 Kopf römischen Salat (Bindesalat)
1 Kopf Radicchio
1/2 Stangenweißbrot
50 g Schweizer Käse
30 g Butter

So wird's gemacht:

1. Den Speck in feine Würfel schneiden und mit 1 Eßlöffel Walnußöl in einer Pfanne anbraten. Die Schalotten schälen und fein hakken. Zu dem Speck geben und goldbraun braten. Anschließend in eine Schüssel füllen.
2. Den Zitronensaft zum Speck geben und das restliche Öl und die Eigelbe mit einem Holzlöffel langsam dazurühren. Das Basilikum waschen, trockentupfen und fein hacken. Zur Sauce geben und diese mit Salz und Pfeffer abschmekken.
3. Den römischen Salat und den Radicchio vom Strunk und den Außenblättern befreien. Die Salate in mittelfeine Streifen schneiden, in kaltem Wasser waschen und trockenschleudern.
4. Das Weißbrot in dünne Scheiben schneiden, mit dem Käse bestreuen, die Butter in Flöckchen daraufsetzen und die Scheiben im Ofen bei höchster Stufe goldbraun überbacken.
5. Die Salatstreifen in die Marinade geben, unterheben und mit den Croûtons garnieren.

Radieschensalat mit Gurke

Sie benötigen für 2 Personen:

Für den Salat:

1/4 Kopf Endiviensalat
1/2 Salatgurke
1 Bund Radieschen
10 Pfefferminzblätter

Für das Dressing:

3 EL Zitronensaft
1 EL saure Sahne
2 EL kaltgepreßtes Distelöl
1 Messerspitze Cayennepfeffer
1 Messerspitze Meersalz

Zum Garnieren:

feine Streifen von der Schale einer unbehandelten Zitrone

So wird's gemacht:

1. Den Endiviensalat waschen, putzen und mit einem Küchentuch trockentupfen.
2. Die Gurke schälen, längs vierteln und in 1/2 cm breite Stücke schneiden.
3. Die Radieschen waschen, putzen und vierteln, die größeren achteln. Die Pfefferminzblätter in Streifen schneiden.
4. Für das Dressing alle Zutaten gut miteinander verrühren. Die Endiviensalatblätter im Dressing wenden und auf zwei Tellern anrichten. Die Gurke und die Radieschen zusammen mit der Pfefferminze im restlichen Dressing wenden und alles auf den Salatblättern anrichten.
5. Den Salat mit den Zitronenschalenstreifen bestreut servieren.

Radicchio-Avocado-Salat

Sie benötigen für 2 Personen:

Für den Salat:

2 kleine Köpfe Radicchio
1/2 reife Avocado
1 TL Zitronensaft

Für das Dressing:

2 Schalotten
Saft von 1/2 Zitrone
1 Messerspitze Kleehonig
1 EL Apfelessig
1 EL Gemüsebrühe
1 EL saure Sahne
etwas weißen Pfeffer aus der Mühle

Zum Garnieren:

2 EL Pinienkerne
4 Radieschen
2 EL Kerbelblätter

So wird's gemacht:

1. Den Radicchio putzen, waschen, auf einem Küchentuch trockentupfen und in mundgerechte Stükke zupfen.
2. Die Avocado schälen und den Kern entfernen – die eine Hälfte (1/4 Avocado) in Scheiben schneiden und mit dem Zitronensaft beträufeln, die andere Hälfte für das Dressing verwenden.
3. Für das Dressing die Schalotten schälen, ein wenig zerkleinern und zusammen mit der Avocado und den restlichen Zutaten im Mixer pürieren.
4. Radicchioblätter mit Avocadoscheiben anrichten und alles mit Dressing beträufeln.
5. Die Pinienkerne in einer heißen Pfanne ohne Fettzugabe goldbraun rösten. Die Radieschen waschen und in feine Streifen schneiden.
6. Den Salat mit Pinienkernen, Radieschenstreifen und Kerbel bestreuen und sofort servieren.

Eisbergsalat

Sie benötigen für 4 Personen:

Für die Marinade:

100 g Sahne
Saft von 1 Zitrone
10 Pfefferminzblätter
2 EL Crème fraîche
Salz
weißen Pfeffer aus der Mühle

Für den Salat:

1 großen Kopf Eisbergsalat
250 g Gemüsefenchel
Saft von 1 Zitrone
2 Kiwis

Zum Garnieren:

einige Pfefferminzblätter

So wird's gemacht:

1. Die Sahne in eine Schüssel füllen, den Zitronensaft dazugeben, mit dem Schneebesen so lange schlagen, bis alles dickflüssig wird.
2. Die Pfefferminzblätter waschen, trockentupfen und fein schneiden. Mit der Crème fraîche zur Sahne geben und mit Salz und Pfeffer abschmecken.
3. Von dem Salat den Strunk und die Außenblätter entfernen. Den restlichen Kopf halbieren und in feine Streifen schneiden, in kaltem Wasser waschen und dann gut trockenschleudern.
4. Die Fenchelknolle putzen, waschen, vierteln und in feinste Streifen schneiden. Diese mit etwas Zitronensaft beträufeln.
5. Den Eisbergsalat und die Fenchelstreifen mit der Marinade mischen und auf mittelgroßen Tellern anrichten.
6. Die Kiwis schälen, in feine Scheiben schneiden und auf dem Salat anordnen. Die Pfefferminzblätter waschen, trockentupfen und den Salat damit garnieren.

Friséesalat mit Champignons

Sie benötigen für 4 Personen:

Für das Dressing:

1/2 Zwiebel
4 EL saure Sahne
2 EL Tomatenketchup
2 EL kalt gepreßtes Sonnenblumenöl
1 kleine Knoblauchzehe
Pfeffer aus der Mühle
Meersalz

Für den Salat:

200 g frische Champignons
Saft von 1 Zitrone
1 kleinen Friséesalat

Zum Garnieren:

1/2 Bund Schnittlauch

So wird's gemacht:

1. Für das Dressing die Zwiebel schälen und in feine Würfel schneiden. Die saure Sahne mit dem Ketchup, dem Sonnenblumenöl und den Zwiebeln mischen und die Salatsauce mit dem geschälten, zerdrückten Knoblauch, Pfeffer und Meersalz abschmecken.
2. Die Champignons putzen, in etwas Zitronenwasser waschen und in Scheiben schneiden. Dann mit dem restlichen Zitronensaft mischen.
3. Die Friséeblätter putzen, waschen und trockentupfen.
4. Den Salat auf Tellern anrichten, die Champignons darauf verteilen und das Dressing darübergießen.
5. Den Schnittlauch fein schneiden und den angerichteten Salat damit bestreuen.

Bunter Sommersalat

Sie benötigen für 4 Personen:

Für das Dressing:

100 g Edelpilzkäse
100 g süße Sahne
100 g Joghurt
2 EL Weinessig
Saft von 1/2 Zitrone
Meersalz
weißen Pfeffer aus der Mühle
Honig nach Geschmack

Für den Salat:

1 kleinen Kopf Endiviensalat
1 kleinen Kopf Radicchio
2 kleine Zucchini
1 Bund Radieschen

So wird's gemacht:

1. Den Edelpilzkäse mit einer Gabel zerdrücken. Die Sahne, den Joghurt, den Weinessig und den Zitronensaft dazugeben und alles zu einer glatten Sauce verrühren. Das Dressing mit Meersalz, Pfeffer und Honig kräftig abschmekken.
2. Den Endiviensalat und den Radicchio putzen, waschen, trockentupfen und in mundgerechte Stücke zerpflücken.
3. Die Zucchini waschen, den Stielansatz entfernen und das Fruchtfleisch in Würfel schneiden.
4. Die Radieschen putzen, waschen, in dünne Scheiben schneiden und die Salatzutaten in einer Schüssel mischen.
5. Den Salat mit dem Dressing überziehen und alles vorsichtig mischen.

Italienischer Salat

Sie benötigen für 4 Personen:

Für die Salatsauce:

Meersalz
2 EL Rotweinessig
Saft von 1 Zitrone
2 EL Rotwein
Pfeffer aus der Mühle
1 Bund Basilikum
4 EL kalt gepreßtes Olivenöl

Für den Salat:

2 Zwiebeln
1 rote Paprikaschote
1 grüne Paprikaschote
4 Tomaten
50 g schwarze Oliven
200 g festen Gorgonzola
1 kleinen Kopf Eisbergsalat

Zum Garnieren:

einige Zweige frische Kräuter

So wird's gemacht:

1. Für die Salatsauce das Meersalz in eine Schüssel geben, mit dem Rotweinessig, dem Zitronensaft und dem Rotwein so lange verrühren, bis es sich aufgelöst hat. Mit Pfeffer und fein gehacktem Basilikum abschmecken, das Öl darunterschlagen.
2. Die Zwiebeln schälen und in grobe Würfel schneiden. Die Paprikaschoten putzen, halbieren, entkernen, waschen und ebenfalls in Würfel schneiden.
3. Die Tomaten waschen, und in Würfel schneiden. Alles mit den Oliven mischen, die Salatsauce unterheben und im Kühlschrank 15 Minuten. durchziehen lassen.
4. Den Gorgonzola in kleine Würfel schneiden. Den Eisbergsalat putzen, waschen, trockenschleudern und zerpflücken.
5. Den Käse und den Eisbergsalat zum übrigen Salat geben, nochmals gut durchmischen und mit den Kräuterzweigen garnieren.

Eisbergsalat mit Alfalfagrün

Sie benötigen für 4 Personen:

Für die Salatsauce:

75 g saure Sahne
75 g Joghurt (ohne Geschmack)
1 EL mittelscharfen Senf
1 EL Estragonessig
Apfeldicksaft nach Geschmack
Meersalz
weißen Pfeffer aus der Mühle
Currypulver

Für den Salat:

1 kleinen Kopf Eisbergsalat
2 Möhren
1 Bund Radieschen
1 Stück Salatgurke

Zum Garnieren:

Alfalfagrün

So wird's gemacht:

1. Für die Salatsauce die saure Sahne und den Joghurt verrühren, mit Senf, Essig, Apfeldicksaft, Meersalz, Pfeffer und Curry pikant abschmecken.
2. Den Eisbergsalat putzen, waschen, trockenschleudern und in 1 cm breite Streifen schneiden.
3. Die Möhren gründlich unter fließendem Wasser abbürsten, eventuell schälen. Die Radieschen und die Salatgurke waschen und das Gemüse raspeln.
4. Den Salat, die Möhren, die Radieschen und die Salatgurke gut mit der Sauce mischen.
5. Das Alfalfagrün unter fließendem Wasser gründlich abspülen, trokkentupfen und über den Salat streuen.

Spargelsalat mit Joghurtdressing

Sie benötigen für 2 Personen:

Für den Salat:

10 Stangen grünen Spargel
1 EL Pinienkerne
1/2 Kopfsalat

Für das Joghurtdressing:

3 EL Joghurt (ohne Geschmack)
1 EL kaltgepreßtes Sonnenblumenöl
1 EL Zitronensaft
abgeriebene Schale von einer unbehandelten Zitrone
1 EL feingeschnittene Pfefferminzblätter
weißen Pfeffer aus der Mühle
etwas Kräutersalz

So wird's gemacht:

1. Die Spargelstangen waschen, trockentupfen und die unteren Enden abschneiden. Die Stangen schräg in Scheiben (1/2 cm) schneiden.
2. Die Pinienkerne in einer heißen Pfanne ohne Fett rösten.
3. Den Kopfsalat putzen, die Blätter waschen und mit einem Küchentuch trockentupfen.
4. Für das Dressing die angegebenen Zutaten verrühren.
5. Die Kopfsalatblätter darin wenden und auf zwei Tellern anrichten, im restlichen Pfefferminzjoghurt den Spargel kurz marinieren und dann auf die Kopfsalatblätter setzen. Den Salat mit den Pinienkernen bestreuen und servieren.

Kopfsalat mit Kräutermayonnaise

Sie benötigen für 2 Personen:

Für den Salat:

1/2 Kopfsalat
2 EL Portulak
6 Kapuzinerkresseblüten

Für die Kräutermayonnaise:

2 Schalotten
4 Kapuzinerkresseblätter
oder 1 EL Brunnenkresse
1 EL Kerbelblätter
1 EL Dillspitzen
1 EL Majoranblätter oder
Oregano
125 g süße Sahne
1 dünne Scheibe einer
Knoblauchzehe
1 EL Zitronensaft
1 TL mittelscharfen Senf
etwas Kräutersalz
etwas Pfeffer aus der Mühle
etwas Muskatblüte
1 EL kaltgepreßtes Olivenöl

So wird's gemacht:

1. Den Kopfsalat im Ganzen waschen, mit einem Küchentuch trockentupfen und den Kopf vierteln. Den Portulak waschen und mit den Kapuzinerkresseblüten beiseite legen.
2. Für die Mayonnaise die Schalotten schälen und in feine Würfel schneiden.
3. Die Kräuter kleinschneiden und zusammen mit den anderen Zutaten in einen Mixer geben. Alles nur wenige Sekunden pürieren, bis eine nicht ganz steife Mayonnaise entsteht.
4. Je ein Kopfsalatviertel auf einem Teller anrichten und mit der Hälfte der Mayonnaise übergießen. Die Kapuzinerkresseblüten und den Portulak darüberstreuen.

Eskariol mit Nußsauce

Sie benötigen für 4 Personen:

Für den Salat:

1 Kopf Eskariol (Endiviensalat)
2 Schalotten

Für die Salatsauce:

50 g gesalzene Cashewnüsse oder Erdnüsse
3 EL Zitronensaft
2 EL trockenen Sherry
3 EL Nußöl
Salz
1 Prise Zucker
schwarzen Pfeffer aus der Mühle

Zum Garnieren:

1 Bund glatte Petersilie

So wird's gemacht:

1. Den Salat putzen, dann den Strunk so herausschneiden, daß die Blätter auseinanderfallen. Die Blätter waschen, abtropfen lassen und trockenschleudern und in etwa 2 cm breite Streifen schneiden. Die Schalotten schälen und hacken.
2. Für die Salatsauce die Nüsse mit dem Schneidstab des Handrührgeräts oder im Mixer pürieren. Mit Zitronensaft, Sherry und Nußöl vermischen und mit Salz, Zucker und Pfeffer abschmecken.
3. Den Salat mit der Sauce vermischen. Dann die Petersilie abspülen, trockentupfen und hacken. Die Petersilie zusammen mit den gehackten Schalotten über den Salat streuen und erst bei Tisch untermischen.

Endiviensalat mit grünen Oliven

Sie benötigen für 4 Personen:

Für den Salat:

1 Kopf Endiviensalat
1 Bund Radieschen
4 Frühlingszwiebeln
1 Schale Kresse
50 g gefüllte grüne Oliven
1 EL Kapern

Für die Salatsauce:

1 Eigelb
1 TL mittelscharfen Senf
1 Prise Zucker
Salz
weißen Pfeffer aus der Mühle
3 EL Weinessig
4 EL kaltgepreßtes Olivenöl
2 EL süße Sahne

So wird's gemacht:

1. Den Endiviensalat putzen, den Boden so weit abschneiden, daß die Blätter auseinanderfallen. Die Blätter waschen, trockenschleudern und quer in 3 cm breite Streifen schneiden.
2. Die Radieschen putzen, waschen, abtrocknen und in dünne Scheiben schneiden. Die Frühlingszwiebeln putzen, die weißen Knollen hacken und das Grün in dünne Röllchen schneiden. Die Kresse abspülen, trockenschwenken und die Blättchen abschneiden.
3. Die abgetropften Oliven halbieren. Die Kapern grob hacken.
4. Für die Salatsauce das Eigelb durch ein Sieb streichen, mit Senf, Zucker, Salz, Pfeffer und Essig verrühren. Dann das Öl und die Sahne unterrühren.
5. Alle Salatzutaten mit der Sauce in einer großen Schüssel vermischen, 5 Minuten ziehen lassen, in eine Servierschale füllen und auftragen.

Friséesalat mit Kräuterdressing

Sie benötigen für 4 Personen:

Für den Salat:

1 großen Kopf Friséesalat
1 kleine Gemüsegurke

Für das Dressing:

1 Bund gemischte Kräuter der Saison
1 Knoblauchzehe
2 Eigelbe
1 Becher saure Sahne
2 EL milden Kräuteressig
Salz
weißen Pfeffer aus der Mühle
1 Prise Zucker

Zum Garnieren:

einige Gurkenscheiben

So wird's gemacht:

1. Den Friséesalat putzen, den Strunk abschneiden, die Blätter waschen und trockenschleudern. Die Gemüsegurke schälen, halbieren, die Kerne herauslösen und in dünne Scheiben schneiden. Einige Scheiben beiseite legen.
2. Für das Dressing die Kräuter abspülen, trockentupfen und nicht zu fein hacken. Die Knoblauchzehe schälen und hacken oder durch die Presse drücken.
3. Die Eigelbe durch ein Sieb streichen, mit der sauren Sahne und dem Essig zu einer glatten Sauce verrühren und mit Salz, Pfeffer und Zucker abschmecken. Etwa zwei Drittel der Kräuter und den Knoblauch untermischen.
4. Die Salatblätter in mundgerechte Stücke zerzupfen und mit den Gurken und dem Dressing in einer Schüssel mischen.
5. Vor dem Servieren den Salat mit den zurückgelegten Gurkenscheiben garnieren und diese mit etwas Salz und den restlichen Kräutern bestreuen.

Blattsalate mit Trauben

Sie benötigen für 4 Personen:

Für die Marinade:

2 Schalotten
100 ml Kalbsfond (S.20)
1 TL Haselnußöl
2 EL Walnußöl
2 EL Traubenkernöl
1 EL frisch gehackten Kerbel
1 TL milden Senf

Für den Salat:

100 g rote Bete
1 grünen Apfel
1 Kopf Eichblattsalat
200 g Nußsalat (Rauke)

Zum Garnieren:

80 g Weintrauben

So wird's gemacht:

1. Die Schalotten schälen und fein hacken. Mit den restlichen Zutaten für die Marinade verrühren.
2. Die rote Bete waschen und mit der Schale in wenig Wasser 30 Minuten kochen. Dann schälen und die Knollen raspeln.
3. Den Apfel schälen und in feine Streifen schneiden.
4. Von der Marinade 4 EL abnehmen und beiseite stellen.
5. Den Eichblattsalat und den Nußsalat putzen. Die harten Außenblätter und die Strünke abschneiden. Die Blätter waschen und trockenschleudern.
6. Die Salatblätter nach Sorten getrennt mit der Marinade mischen. Den Eichblatt-, darüber dann den Nußsalat anordnen.
7. Die Roten-Bete- und die Apfelstreifen mit der beiseite gestellten Marinade mischen, in der Mitte der Teller anrichten.
8. Die Weintrauben schälen, entkernen, halbieren und den Salat damit garnieren.

Eichblattsalat mit Gurkenvinaigrette

Sie benötigen für 4 Personen:

Für die Vinaigrette:

1 kleine Schlangengurke
1 TL Dijonsenf
2 EL Sherryessig
Salz
Zucker
weißen Pfeffer aus der Mühle
1/8 l Distelöl
2 Schalotten
1 Bund Schnittlauch
2 Dillzweige

Für den Salat:

1 Kopf Eichblattsalat
16 Kapuzinerkresseblätter
16 Kapuzinerkresseblüten

Zum Garnieren:

einige Dillzweige

So wird's gemacht:

1. Die Gurke schälen, die Hälfte in kleine Stücke schneiden und im Mixer etwa 30 Sekunden pürieren. Den Senf und den Essig dazugeben, nochmals kurz aufmixen und mit Salz, Zucker und weißem Pfeffer abschmecken.
2. Das Öl nach und nach untermischen und alles in eine Schüssel geben. Die Schalotten schälen, fein hacken und dazugeben. Den Dill und den Schnittlauch waschen, fein schneiden und ebenfalls dazugeben. Die restliche Gurke in feine Streifen schneiden, vorsichtig unter die Marinade heben und nochmals abschmecken.
3. Den Salat putzen, die harten Außenblätter und den Strunk entfernen. Die Blätter auseinanderteilen und in kaltem Wasser waschen, trockenschleudern oder in einem Sieb abtropfen lassen.
4. Die Blätter vorsichtig durch die Vinaigrette ziehen und auf großen Tellern von innen nach außen anrichten.
5. Die Kapuzinerkresseblätter waschen und fein schneiden, den Salat damit bestreuen. Die Blüten vorsichtig waschen und auf dem Salat anordnen, mit den gewaschenen und trockengetupften Dillspitzen garnieren.

Endiviensalat mit Nüssen

Sie benötigen für 4 Personen:

Für die Salatsauce:

Meersalz
2 – 3 EL Rotweinessig
1 EL mittelscharfen Senf
Saft von 1/2 Orange
Birnendicksaft nach Geschmack
1 Bund gemischte Kräuter
3 EL kalt gepreßtes Walnußöl
Pfeffer aus der Mühle

Für den Salat:

1 kleinen Kopf Endiviensalat
1 Zwiebel
1 EL grob gehackte Haselnüsse
100 g Gouda-Käse

So wird's gemacht:

1. Das Meersalz in eine Schüssel geben und so lange mit dem Rotweinessig verrühren, bis es sich aufgelöst hat. Dann den Senf, den Orangensaft, etwas Birnendicksaft und die fein gehackten Kräuter dazugeben. Das Walnußöl tropfenweise unterrühren und die Sauce mit Pfeffer kräftig abschmecken.
2. Den Endiviensalat putzen, waschen, trockenschleudern und in mundgerechte Stücke zerpflükken. Die Zwiebel schälen und fein hacken.
3. Den Endiviensalat mit der Zwiebel und den Nüssen mischen. Den Gouda in kleine Würfel schneiden und dazugeben.
4. Die Sauce zum Salat geben und alles gut miteinander mischen.

Tip:

Frisch geerntete Walnüsse sind pur eine Delikatesse. Walnußöl, das Sie in jedem Feinkostgeschäft erhalten, gibt allen herbstlichen Salaten den letzten Pfiff.

Löwenzahnsalat

Sie benötigen für 4 Personen:

Für die Salatsauce:

2 Eier
1 TL Kräutersenf
6 EL feinstes Speiseöl
Salz
weißen Pfeffer aus der Mühle
1 Prise Zucker

Für den Salat:

400 g Kulturlöwenzahn oder
250 g wilden Löwenzahn
2 Schalotten
1/2 Bund gemischte Kräuter der Saison

So wird's gemacht:

1. Für die Sauce die Eier hart kochen, abschrecken und schälen. Die Eiweiße fein hacken und beiseite stellen. Die Eigelbe durch ein Sieb streichen, dann mit Senf, Essig und Öl zu einer cremigen Sauce verrühren. Mit Salz, Pfeffer und Zucker abschmecken.
2. Den Löwenzahn putzen, waschen und trockenschleudern. Bei Kulturlöwenzahn die Blattstengel in etwa 1 cm breite Streifen schneiden, die Blätter mundgerecht zerzupfen. Wilden Löwenzahn nur zerzupfen.
3. Die Schalotten schälen und fein hacken. Die Kräuter waschen, abtropfen lassen, trockentupfen und auch fein hacken.
4. Den Salat mit der Sauce , der Hälfte der Schalotten und der Hälfte der Kräuter vermischen. In eine Servierschale geben, mit dem Eiweiß, den restlichen Schalotten und den übrigen Kräutern bestreuen. Erst kurz vor dem Servieren den Salat mischen.

Friséesalat mit Pilzen

Sie benötigen für 4 Personen:

Für den Salat:

1 Friséesalat
150 g Austernpilze oder Champignons
Zitronensaft
2 Kästchen Kresse
2 Schalotten

Für die Marinade:

4 EL Weißweinessig
1 TL Tomatenmark
Salz
schwarzen Pfeffer aus der Mühle
4 EL Olivenöl

So wird's gemacht:

1. Den Salat waschen und in mundgerechte Stücke zupfen. Die Pilze mit Küchenkrepp gut abreiben und blättrig schneiden (am besten mit dem Eierschneider). Danach sofort mit Zitronensaft beträufeln und die Pilze mit dem Salat mischen.
2. Die Kresse waschen und die Blättchen über der Schüssel abschneiden. Die Schalotten fein hacken und dazugeben.
3. Für die Marinade den Weißweinessig, Tomatenmark, Salz und Pfeffer verrühren. Das Öl in dünnem Strahl zufließen lassen und mit dem Schneebesen eine cremige Marinade rühren.
4. Die Marinade über den Salat gießen und gut durchmischen.

Tomaten-Avocado-Salat

Sie benötigen für 4 Personen:

Für den Salat:

600 g Tomaten
2 reife Avocados
Zitronensaft

Für die Salatsauce:

2 Eier
3 EL Apfelessig
4 EL Sonnenblumenöl
Salz
schwarzen Pfeffer aus der Mühle
3 – 4 Blätter Liebstöckel
1 Knoblauchzehe

So wird's gemacht:

1. Die Tomaten waschen, vom Stengelansatz befreien, in Scheiben schneiden und dachziegelartig auf eine Platte legen.
2. Die Avocados schälen, längs halbieren und vom Kern lösen, in kleine Würfel schneiden und sofort mit Zitronensaft beträufeln, damit sie hell bleiben.
3. Für die Sauce die Eier hart kochen, abschrecken, schälen und fein hacken. Mit Apfelessig und Sonnenblumenöl gut mischen und mit Salz und Pfeffer würzen.
4. Den Liebstöckel in schmale Streifen schneiden und zufügen. Den Knoblauch schälen und durch die Presse in die Sauce drücken. Alles gut durchmischen.
5. Die Avocadowürfel auf die Tomaten streuen und mit der Sauce überziehen, für 10 Minuten zugedeckt kalt stellen.

Rettichsalat mit Kräutern

Sie benötigen für 4 Personen:

Für den Salat:

2 Rettiche (ca. 500 g)
1 Bund gemischte Kräuter der Saison
1 rote Zwiebel

Für die Salatsauce:

1 Becher saure Sahne
4 EL Essig
4 EL Öl
Salz
schwarzen Pfeffer aus der Mühle
1 Messerspitze Paprikapulver

So wird's gemacht:

1. Die Rettiche schälen und auf einem Gurkenhobel in sehr feine Scheiben schneiden. Auf einer flachen Platte ausbreiten.
2. Die Kräuter waschen, von den Stengeln zupfen und mittelfein hacken. Die Zwiebel schälen und fein hacken.
3. Die saure Sahne mit Essig, Öl, Salz, Pfeffer und Paprikapulver gründlich verrühren und mit den Zwiebelwürfeln mischen.
4. Die Sauce über den Rettichscheiben gleichmäßig verteilen, die Kräuter dick darauf streuen. Alles 15 Minuten durchziehen lassen.

Feldsalat mit Champignons

Sie benötigen für 4 Personen:

Für den Salat:

1 Bund Schnittlauch
125 g Feldsalat
250 g Champignons

Für das Dressing:

1 EL Weißweinessig
1 El Limonensaft
6 EL Nußöl
1 EL Geflügelfond (S.20)
Salz
Pfeffer aus der Mühle

So wird's gemacht:

1. Den Schnittlauch kalt abspülen, abtropfen lassen und in feine Ringe schneiden.
2. Den Feldsalat putzen, waschen und trockentupfen. Die Champignons putzen, mit Küchenpapier abreiben und in dünne Scheiben schneiden.
3. Für das Dressing den Weißweinessig mit dem Limonensaft, dem Nußöl und dem Geflügelfond verrühren und mit Salz und Pfeffer abschmecken. Den Schnittlauch unterrühren.
4. Den Feldsalat auf großen flachen Tellern kreisförmig anrichten und mit dem vorbereiteten Dressing mit einem Pinsel bestreichen.
5. Das restliche Dressing unter die Champignons heben und abschmecken. Die Champignons in die Mitte auf den Feldsalat anordnen.

Chicoréesalat mit Shrimps

Sie benötigen für 4 Personen:

Für den Salat:
3 Stauden Chicorée
1 Orange
200 g Shrimps

Für das Dressing:
2 EL Sherryessig
6 EL Distelöl
1 EL Geflügelfond (S.20)
Salz
Pfeffer aus der Mühle

Zum Garnieren:
Kerbelblättchen

So wird's gemacht:

1. Den Chicorée waschen, trockentupfen, den bitteren Kern herausschneiden und die Blätter in feine Streifen schneiden.
2. Die Orange schälen, so daß auch die weiße Haut entfernt ist. Mit einem scharfen Messer zwischen Fleisch und Häutchen einschneiden und nun die Fruchtfilets herauslösen. Den Orangensaft auffangen. Die Orangenscheiben halbieren.
3. Für das Dressing den Sherryessig, das Distelöl und den Geflügelfond vermischen. Mit Salz und Pfeffer abschmecken und mit etwas Orangensaft den Geschmack abrunden.
4. Den Chicorée mit den Orangenscheiben und separat die Shrimps mit dem Dressing anmachen und abschmecken.
5. Den Chicoréesalat dekorativ auf flachen Tellern anrichten. Die Shrimps dazugeben und mit Kerbelblättchen bestreut servieren.

Lollo Rosso pikant

Sie benötigen für 4 Personen:

Für die Vinaigrette:

100 ml Geflügelfond (S. 20)
1 TL Dijonsenf
2 EL Sherryessig
2 EL Walnußöl
Salz
Zucker
weißen Pfeffer aus der Mühle
3 Schalotten
8 Artischockenböden (Dose)

Für den Salat:

2 Köpfe Lollo Rosso
8 Wachteleier
16 Kirschtomaten

Zum Garnieren:

1 Bund Kerbel

So wird's gemacht:

1. Für die Vinaigrette den Geflügelfond in eine Porzellanschüssel füllen, Senf, Essig und Öl dazugeben und mit dem Schneebesen gut verrühren. Mit Salz, Zucker und Pfeffer abschmecken.
2. Die Schalotten schälen und fein hacken, die Artischockenböden in feine Würfel schneiden und beides mit einem Holzlöffel unter die Marinade rühren und nochmals würzen.
3. Den Salat putzen, die harten Außenblätter entfernen. Die Stiele herausbrechen. Die Blätter in kaltem Wasser waschen, trockenschleudern oder in einem Sieb abtropfen lassen.
4. Die Wachteleier mit kaltem Wasser aufsetzen, 1 1/2 Minuten kochen. Mit kaltem Wasser abschrecken, sofort pellen und halbieren. Die Kirschtomaten waschen und halbieren.
5. Den Salat auf mittelgroßen Tellern anrichten, mit einem Löffel die Vinaigrette gleichmäßig darüber verteilen, mit den Wachteleierhälften und den Kirschtomaten anrichten. Den Kerbel waschen und den Salat mit den Blättern garnieren.

Pikanter Chinakohlsalat

Sie benötigen für 4 Personen:

Für die Salatsauce:

300 g Joghurt
2 – 3 EL Obstessig
Sesammus
gemahlenen Piment
gemahlenen Anis
Cayennepfeffer
Meersalz
weißen Pfeffer aus der Mühle

Für den Salat:

400 g Chinakohl
2 Orangen
1 Zwiebel
1 Bund Radieschen

So wird's gemacht:

1. Für die Salatsauce den Joghurt, den Obstessig und das Sesammus gut verrühren und mit Piment, Anis, Cayennepfeffer, Meersalz und Pfeffer pikant abschmecken.
2. Den Chinakohl putzen, waschen, trockentupfen und in dünne Streifen schneiden.
3. Die Orange mit einem Messer so schälen, daß die weiße Innenhaut entfernt wird. Anschließend die Filets mit einem Messer herauslösen.
4. Die Zwiebel schälen und fein hakken. Die Radieschen putzen, waschen, gut abtropfen lassen und in Streifen schneiden. Die Salatsauce mit den Salatzutaten vorsichtig mischen.

Feldsalat mit Gemüsestreifen

Sie benötigen für 2 Personen:

Für die Vinaigrette:

5 Wacholderbeeren
2 EL Balsamessig
(Aceto balsamico)
1 EL Rotweinessig
2 EL kaltgepreßtes Sonnenblumenöl
schwarzen Pfeffer aus der Mühle

Für den Salat:

100 g Feldsalat
1 kleine Karotte (ca. 60 g)
2 kleine Petersilienwurzeln
10 g frische Meerrettichwurzel

So wird's gemacht:

1. Für die Vinaigrette die Wacholderbeeren mit der breiten Seite eines großen Küchenmessers zerdrücken. In einem kleinen Topf den Balsam- und den Rotweinessig erhitzen, die Wacholderbeeren hineingeben. Den Essig einmal aufkochen und den Topf vom Herd nehmen. Alles abkühlen und mindestens 1/2 Stunde ziehen lassen. Dann den Essigsud durchseihen und mit demSonnenblumenöl und dem Pfeffer verrühren.
2. Den Feldsalat putzen, waschen und auf einem Küchentuch troktupfen.
3. Die Karotte und die Petersilienwurzeln gründlich waschen, putzen, eventuell schälen und in feine Streifen schneiden oder raspeln.
4. Den Meerrettich unter fließendem Wasser abbürsten und fein raspeln.
5. Den Feldsalat mehrmals in der Vinaigrette wenden und diesen dann auf zwei Tellern anrichten.
6. Die Karotten-, Petersilienwurzel- und Meerrettichstreifen über den Feldsalat streuen und die restliche Vinaigrette darauf verteilen.

Bunter Paprikasalat

Sie benötigen für 2 Personen:

Für die Marinade:

1 EL Peperoni-Essig
2 EL Weißweinessig
1/2 TL Apfeldicksaft
1/2 TL Sojasauce
1 TL kaltgepreßtes Kürbiskernöl oder Sesamöl
1 EL kaltgepreßtes Olivenöl
1 EL kaltgepreßtes Distelöl

Für den Salat:

1/2 rote Paprikaschote (ca. 60 g)
1/2 grüne Paprikaschote (ca. 60 g)
1/2 gelbe Paprikaschote (ca. 60 g)
1 TL Sesam
1 EL Alfalfasprossen
1 Zweig Majoran
1 Zweig Estragon
50 g Friséesalat
10 g Portulak oder Kresse

So wird's gemacht:

1. Für die Marinade alle Zutaten gut verrühren.
2. Die Paprikaschoten waschen, putzen und die Kerne entfernen. Die Schoten in 1 1/2 cm große Rauten oder Würfel schneiden.
3. Den Sesam in einer heißen Pfanne ohne Fettzugabe goldbraun rösten.
4. Die Sprossen gut waschen, die Kräuterblättchen (Majoran und Estragon) von den Stielen abzupfen.
5. Den Friséesalat waschen, in mundgerechte Stücke zupfen und auf einem Küchentuch trocknen.
6. Den Portulak oder die Kresse waschen, auf einem Küchentuch trocknen und dann die Stiele entfernen.
7. Alle Salatzutaten außer dem Portulak oder der Kresse und dem Friséesalat mit der Marinade mischen.
8. Den Salat auf zwei Tellern anrichten. Die Frisée- und Portulakblätter in der verbliebenen Marinade wenden und den Salat damit garnieren.

Trauben-Kraut-Salat

Sie benötigen für 4 Personen:

Für den Salat:

400 g Weißkraut
Meersalz
1 Tasse Gemüsebrühe
1 Zwiebel
200 g Weintrauben
1 EL Walnüsse

Für die Salatsauce:

200 g Crème fraîche
2 – 3 EL Weinessig
Saft von 1/2 Zitrone
1/2 TL gemahlenen Kümmel
1 Prise Cayennepfeffer
Birnendicksaft nach Geschmack
1 Bund Estragon

So wird's gemacht:

1. Das Weißkraut putzen, vierteln und sehr fein raspeln oder hobeln. Mit dem Meersalz bestreuen.
2. Die Gemüsebrühe zum Kochen bringen, über den Salat träufeln und das Weißkraut mit den Händen so lange kneten, bis es weich und geschmeidig ist.
3. Die Zwiebel schälen und sehr fein hacken. Die Weintrauben waschen, halbieren und entkernen. Die Zwiebel, die Weintrauben und die Walnüsse gut mischen.
4. Für die Sauce die Crème fraîche mit dem Weinessig und dem Zitronensaft vermischen, mit Kümmel, Cayennepfeffer und Birnendicksaft abschmecken. Den Estragon waschen, abtupfen, fein hacken und unter die Sauce ziehen.
5. Die Sauce über den Salat gießen und alles gut mischen. Auf Tellern anrichten.

Radieschen-Rettich-Salat

Sie benötigen für 4 Personen:

Für die Salatsauce:

Meersalz
2 EL Rotweinessig
1 EL mittelscharfen Senf
1 EL frisch geriebenen Meerrettich
Birnendicksaft nach Geschmack
Pfeffer aus der Mühle
4 EL kalt gepreßtes Sonnenblumenöl

Für den Salat:

1 großen Rettich
1 Bund Radieschen
2 rote Zwiebeln
2 Bund Schnittlauch

So wird's gemacht:

1. Für die Salatsauce das Meersalz in eine Schüssel geben, so lange mit dem Rotweinessig verrühren, bis es sich aufgelöst hat. Mit Senf, Meerrettich, Birnendicksaft und Pfeffer abschmecken. Das Öl darunterschlagen.
2. Den Rettich putzen, waschen, schälen und in hauchdünne Scheiben schneiden. Die Radieschen putzen, waschen, trockentupfen und ebenfalls in sehr dünne Scheiben schneiden.
3. Die Zwiebeln schälen und in dünne Ringe schneiden. Den Schnittlauch verlesen, waschen, trockentupfen und fein schneiden.
4. Den Salat mit der Sauce gut mischen und 10 bis 15 Minuten im Kühlschrank ziehen lassen, dann nochmals abschmecken.

Salate mit Keimen und Sprossen

Keime und Sprossen lassen sich unabhängig von jeder Jahreszeit, ohne Umweltbelastungen und auf kleinstem Raum ohne Mühe ziehen. Sie sind nicht nur ein billiges und frisches, sondern auch ein besonders gesundes Lebensmittel. Der hohe Mineralstoffgehalt und viele Vitamine versorgen den menschlichen Organismus in konzentrierter Form mit Nähr- und Vitalstoffen.

Keime und Sprossen überzeugen aber nicht nur wegen ihres Vollwertgehaltes, sondern sie sind vor allem auch sehr wohlschmeckend und bereichern daher auf vielfältige Weise die Zubereitung vieler Salate.

Gurken-Apfel-Salat mit Mungobohnensprossen

Sie benötigen für 4 Personen:

Für die Salatsauce:

4 El Crème fraîche
2 TL Obstessig
Meersalz
Pfeffer aus der Mühle
Apfeldicksaft nach Geschmack
200 g Mungobohnensprossen

Für den Salat:

1 Zwiebel
1/2 Salatgurke
1 Apfel
1 Bund Schnittlauch

So wird's gemacht:

1. Für die Salatsauce die Crème fraîche mit Obstessig, Meersalz, Pfeffer und etwas Apfeldicksaft verrühren. Die Mungobohnensprossen 1 Minute blanchieren, mit sehr kaltem Wasser abschrecken, abtropfen lassen und dann mit der Sauce mischen. Gut durchziehen lassen.
2. Die Zwiebel schälen und klein hacken. Die Gurke waschen und in Würfel schneiden. Den Apfel waschen, vierteln und in Würfel schneiden (vorher das Kerngehäuse entfernen).
3. Das Gemüse mit der Salatsauce und dem fein geschnittenen Schnittlauch mischen.

Löwenzahn mit Erbsensprossen

Sie benötigen für 4 Personen:

Für die Salatsauce:

Meersalz
2 TL Obstessig
Pfeffer aus der Mühle
2 EL kalt gepreßtes Sonnenblumenöl
150 g Erbsensprossen

Für den Salat:

250 g Spargel
1/4 l Gemüsebrühe
100 g Austernpilze
1 EL Butter
100 g Löwenzahn
200 g Tomaten

So wird's gemacht:

1. Etwas Meersalz in eine Schüssel geben und so lange mit dem Obstessig verrühren, bis es sich aufgelöst hat. Mit Pfeffer würzen und das Sonnenblumenöl dazugeben. Die Erbsensprossen blanchieren, kalt abspülen und abtropfen lassen, dann mit etwas Salatsauce mischen und ziehen lassen.
2. Den Spargel gut schälen und in der Brühe 15 Minuten kochen.
3. Die Pilze putzen, dann in mundgerechte Stücke schneiden. Die Butter erhitzen und die Pilze darin 5 Minuten braten, mit Meersalz und Pfeffer würzen.
4. Den Löwenzahn putzen, waschen und trockenschleudern, dann grob zerzupfen. Die Tomaten waschen, den grünen Stielansatz herausschneiden und die Tomaten achteln. Den Löwenzahn in der Sauce wenden und auf Tellern anrichten
5. Die Pilze, den Spargel und die Tomaten darauf verteilen. Die marinierten Erbsensprossen darüberstreuen und mit der restlichen Salatsauce beträufeln.

Maissalat mit Adzukibohnensprossen

Sie benötigen für 4 Personen:

Für die Salatsauce:

1 Tomate
Meersalz
4 EL Obstessig
8 EL kalt gepreßtes Sonnenblumenöl
etwas Kräutersenf
Pfeffer aus der Mühle

Für den Salat:

1 grüne Paprikaschote
1 Zwiebel
250 g Adzukibohnensprossen
250 g blanchierte Maiskörner (Dose)

Zum Garnieren:

1 Bund frische Kräuter

So wird's gemacht:

1. Für die Salatsauce die Tomate würfeln und pürieren, dann durch ein Sieb streichen. Das Meersalz mit dem Obstessig solange verrühren, bis es sich aufgelöst hat. Nach und nach das Sonnenblumenöl mit dem Tomatenpüree dazurühren, bis eine sahnige Sauce entsteht. Mit Senf und Pfeffer abschmecken.
2. Die Paprikaschote putzen, waschen, die Zwiebel schälen und beides in Würfel schneiden. Die Adzukibohnensprossen blanchieren, kalt abspülen und abtropfen lassen. Mit den Maiskörnern, der Paprikaschote und den Zwiebelwürfeln mischen.
3. Die Salatmischung unter die Sauce heben. Vor dem Servieren den Salat mit fein gehackten Kräutern garnieren.

Alfalfasalat mit Kresse

Sie benötigen für 4 Personen:

Für die Salatsauce:

Meersalz
1 EL Obstessig
1 TL Apfeldicksaft
1 EL kalt gepreßtes Distelöl
2 EL kalt gepreßtes Walnußöl

Für den Salat:

1/2 Bund Brunnen- oder Gartenkresse
200 g Alfalfagrün
2 Tomaten
1 Avocado
1 EL Zitronensaft

So wird's gemacht:

1. Für die Sauce etwas Salz mit dem Obstessig in eine Schüssel geben und so lange verrühren, bis sich das Salz aufgelöst hat. Dann den Apfeldicksaft und das Öl langsam einrühren.
2. Die Kresse putzen, waschen und trockenschleudern. Das Alfalfagrün gut abspülen und trockenschleudern. Die Tomaten waschen, vom Stielansatz befreien und würfeln.
3. Die Avocado schälen, quer halbieren und entsteinen. Das Fruchtfleisch in Scheiben schneiden, sofort mit Zitronensaft beträufeln.
4. Die Kresse, die Tomatenwürfel und das Alfalfagrün mit 3/4 der Sauce leicht mischen. Mit den Avocadoscheiben garnieren und dann die restliche Sauce darüberträufeln.

Tip:

Alfalfagrün kann wie Kräuter überaus vielfältig verwendet werden. Die Sprossen wachsen beim Keimen etwas zusammen, daher sollte man sie vor der Verwendung leicht auseinanderzupfen. Außerdem bilden sich manchmal an den Sprossen feine Faserwürzelchen, die nicht mit Schimmel zu verwechseln sind.

Bunter Salat mit Sojabohnen-sprossen

Sie benötigen für 4 Personen:

Für den Salat:

1 rote Paprikaschote
1/2 Kopfsalat
1 Fleischtomate
1 Tasse Sojabohnensprossen

Für das Dressing:

4 EL Sherryessig
12 EL Walnußöl
3 EL Rinderfond (S. 20)
Salz
Pfeffer aus der Mühle

Zum Garnieren:

1 Schalotte
4 geschälte Walnußkerne

So wird's gemacht:

1. Die rote Paprikaschote waschen, den Stielansatz und die Kerne entfernen und das Fruchtfleisch in Streifen schneiden.
2. Von dem Kopfsalat die Blätter ablösen, waschen und trockentupfen. Große Blätter teilen, dicke Strünke herausschneiden.
3. Die Tomate in kochendes Wasser tauchen und in Eiswasser abschrecken. Die Haut abziehen und Kerne herausnehmen. Die Tomate in Streifen schneiden.
4. Die Sojabohnensprossen mit den Salatzutaten mischen.
5. Aus dem Sherryessig, dem Walnußöl und dem Rinderfond eine Salatsauce zubereiten. Nach Geschmack mit Salz und Pfeffer abschmecken und den Salat darin wenden.
6. Die Schalotte schälen, fein hakken und damit den Salat auf flachen Tellern dekorativ anrichten. Vor dem Servieren die Walnußkerne hacken und damit den Salat bestreuen.

Sprossensalat mit Lachs

Sie benötigen für 4 Personen:

Für die Marinade:

2 Fleischtomaten
Salz
Zucker
weißen Pfeffer aus der Mühle
2 EL Weißweinessig
1/4 l kalt gepreßtes Olivenöl
8 Blätter Basilikum

Für den Salat:

320 g frischen Lachs
1 großen Kopf roten Bataviasalat
80 g Alfalfasprossen
80 g Linsensprossen
80 g Mungobohnensprossen

So wird's gemacht:

1. Die Tomaten waschen, in Viertel schneiden, in den Mixer geben und würzen. Den Essig dazugeben und das Ganze 1 Minute pürieren. Das Öl nach und nach daruntermixen.
2. Die Sauce durch ein Sieb passieren. Die Basilikumblätter waschen, in feine Streifen schneiden und unter die Marinade rühren. Den Lachs in feine Streifen schneiden, mit der Marinade von beiden Seiten bestreichen und 20 Minuten marinieren lassen.
3. Den Bataviasalat putzen, den Strunk und die Außenblätter entfernen. Die Blätter zerteilen und die Stiele herausbrechen. Den Salat in kaltem Wasser vorsichtig waschen und trockenschleudern.
4. Die Sprossen in ein Sieb geben und abbrausen, mit einem Küchentuch abtupfen. Den Salat und die Sprossen in die Marinade geben und vorsichtig unterheben.
5. Den Salat auf großen Tellern anrichten, mit den marinierten Lachsstreifen garnieren und sofort servieren.

Orangen-Sprossen-Salat

Sie benötigen für 4 Personen:

Für den Salat:

1 EL Sprossenmischung
(alle Sprossen 4 – 5 Tage gekeimt):
Linsen
Mungobohnen
Alfalfa
Rettich
100 g Feldsalat
1 Orange

Für die Salatsauce:

1 Becher saure Sahne
Saft von 1/2 Orange
1 TL Senf
1 TL Paprika
Kräutersalz
1 Knoblauchzehe

Zum Garnieren:

50 g Walnüsse
1 Bund Schnittlauch

So wird's gemacht:

1. Die Sprossenmischung vor der Zubereitung des Salats grob auseinanderzupfen. Den Feldsalat waschen und putzen, die Orange in Würfel schneiden. Alle Zutaten locker miteinander mischen.
2. Für die Salatsauce die saure Sahne mit dem Orangensaft und Senf verrühren und mit Paprika, Kräutersalz und der zerdrückten Knoblauchzehe abschmecken.
3. Die Salatsauce vorsichtig unter den Salat ziehen. Vor dem Servieren die Walnüsse hacken, den Schnittlauch fein schneiden und damit den Salat bestreuen.

Kartoffel-Sprossen-Salat

Sie benötigen für 4 Personen:

Für den Salat:

1 kg Kartoffeln
Kräutersalz
Pfeffer aus der Mühle
1 Zwiebel
1 Avocado
etwa 50 g Kresse
je 50 g Alfalfa- und Rettichsprossen
(6 – 8 Tage gekeimt)

Für die Marinade:

1 Tasse Gemüsebrühe
1 TL Senf
2 EL Essig
3 EL Sonnenblumenöl

So wird's gemacht:

1. Die Kartoffeln waschen, in wenig Salzwasser kochen, pellen, noch warm in Scheiben schneiden und diese in eine Schüssel geben. Dabei jede Schicht salzen und pfeffern.
2. Die Zwiebel schälen und in feine Würfel schneiden, unter die Kartoffeln mischen. Die Avocado halbieren, den Kern herausnehmen, das Fruchtfleisch schälen und in dünne Scheiben schneiden. Die Kresse und die Sprossen auseinanderzupfen.
3. Für die Marinade die Gemüsebrühe erhitzen, den Senf darin verrühren und den Essig und das Öl hinzufügen. Die Marinade noch heiß über die Kartoffelscheiben gießen und anschließend zugedeckt ziehen lassen. Ab und zu die Kartoffelscheiben in der Marinade wenden.
4. Erst wenn die Marinade eingezogen ist, die Avocadoscheiben und die Kresse sowie die Sprossen hinzufügen und alles vorsichtig mischen.

Bohnen-Sprossen-Salat

Sie benötigen für 4 Personen:

Für den Salat:

250 g Brechbohnen
1 Zweig Bohnenkraut
150 g Tomaten
etwa 70 g Sprossenmischung
(5 Tage gekeimt):
Mungobohnen
Linsen
Rettich

Für die Marinade:

3 EL Balsamessig (Aceto balsamico)
3 EL Sonnenblumenöl
Pfeffer aus der Mühle
Kräutersalz
1 Knoblauchzehe

Zum Garnieren:

2 EL Alfalfagrün

So wird's gemacht:

1. Die Brechbohnen waschen, putzen und zusammen mit dem Bohnenkraut in wenig Salzwasser 10 bis 20 Minuten garen, bis sie weich sind. Abkühlen lassen.
2. Die Tomaten waschen, den Stielansatz entfernen und die Tomaten achteln. Zusammen mit der Sprossenmischung unter die Bohnen geben.
3. Aus dem Balsamessig und dem Sonnenblumenöl eine Marinade rühren. Die Knoblauchzehe schälen, zerdrücken, zur Marinade geben und nach Geschmack mit Pfeffer und Kräutersalz würzen. Die Marinade unter den Salat ziehen.
4. Den Salat etwa ½ Stunde durchziehen lassen und vor dem Servieren mit Alfalfagrün bestreuen.

Linsensprossensalat

Sie benötigen für 4 Personen:

Für den Salat:

200 g Feldsalat

1 – 2 Orangen

400 g Linsensprossen

Für die Salatsauce:

8 EL süße Sahne

4 EL Sonnenblumenöl

3 EL Obstessig

1 Knoblauchzehe

Kräutersalz

Zum Garnieren:

2 EL Alfalfagrün

So wird's gemacht:

1. Den Feldsalat waschen und putzen. Die Orangen schälen und in Würfel schneiden. Beides mit den Linsensprossen vermengen.
2. Für die Salatsauce die Sahne mit dem Sonnenblumenöl und dem Essig verrühren.
3. Die Knoblauchzehe schälen, zerdrücken und zur Sauce geben. Mit Kräutersalz nach Geschmack würzen.
4. Die Sauce über die Salatzutaten gießen, mehrmals wenden.
5. Vor dem Servieren den Salat mit dem Alfalfagrün bestreuen.

Tip:

Linsensprossen schmecken roh sehr gut, sie sind daher besonders als pikanter Zusatz für viele Salate bestens geeignet.
Folgende Besonderheiten beim Keimen sind zu beachten: Während des Keimprozesses können sich sehr rasch kleine Blättchen entwikkeln. Die Sprossen sollten daher unbedingt vor diesem Zeitpunkt geerntet werden.

Gerstensprossensalat

Sie benötigen für 4 Personen:

Für den Salat:

150 g Möhren
2 Äpfel
etwa 200 g Gerstensprossen
50 g Walnüsse
2 EL ungeschwefelte Rosinen nach Geschmack

Für die Salatsauce:

100 g Tofu
1/2 Tasse Wasser
Saft von 1/2 Zitrone
2 EL Öl
1 gestrichenen TL Senf
1 gestrichenen TL Kräutersalz

So wird's gemacht:

1. Die Möhren und die Äpfel waschen, putzen, vom Kerngehäuse befreien und beides grob raspeln. Mit den Gerstensprossen vorsichtig vermengen.
2. Die Walnüsse grob hacken. Die Rosinen waschen, abtropfen lassen und beides unter den Salat heben.
3. Für die Sauce den Tofu mit dem Wasser, dem Zitronensaft, dem Öl sowie dem Senf und dem Kräutersalz im Mixer etwa 60 Sekunden lang verrühren.
4. Die Sauce unter den Salat heben und sofort servieren.

Tip:

Gerstensprossen schmecken auffallend süß. Aus diesem Grund eignen sie sich hervorragend zum Überstreuen von Salaten.
Zum Keimen verwendet man eine spelzenlos gezüchtete Sorte, die sogenannte Sprießkorngerste, die in Reformhäusern erhältlich ist. Beim Keimen sollten Gerstensprossen nicht zu feucht gehalten werden. Es können sich kleine Faserwürzelchen bilden, die nicht mit Schimmel zu verwechseln sind.

Gemüse-salate

Gekochte Gemüse bieten eine viefältige Variationsbreite für leckere Salatkreationen. Die meisten Knollen- und Wurzelgemüse, aber auch Frucht- und Kohlgemüse, insbesondere aber Spargel eignen sich kurz blanchiert bestens als Grundlage für viele Feinschmeckersalate.

In Verbindung mit feinsten Salatmarinaden erweisen sich Karotten, Brokkoli, Blumenkohl, Wirsing, Kohlrabi und rote Bete als so wandlungsfähig, daß sie das Herz eines jeden Salatfreundes höher schlagen lassen. Gemüsesalate sind aber nicht nur Gaumenfreude und Augenschmaus, sie sind darüber hinaus wegen ihres hohen Vitamingehaltes besonders bei vielen gesundheitsbewußten Gourmets als abwechslungsreiche Zwischenmahlzeit sehr beliebt.

Karottensalat mit Hummer

Sie benötigen für 4 Personen:

Für die Marinade:

2 Eigelbe
3 EL Karottenfond (Glas)
Saft von 1 Zitrone
Salz
Zucker
weißen Pfeffer aus der Mühle
4 El Traubenkernöl

Für den Salat:

600 g junge Karotten
100 g Petersilienwurzeln
Salz
Zucker
50 g Butter
24 Blätter Basilikum
2 Hummer (à 500 g)

So wird's gemacht:

1. Für die Marinade die Eigelbe mit dem Karottenfond in einer Schüssel mit dem Schneebesen verrühren. Den Zitronensaft dazugeben, mit den Gewürzen abschmecken und das Öl nach und nach mit dem Schneebesen unterrühren.
2. Die Karotten und die Petersilienwurzeln waschen und schälen. 1/4 Liter Wasser mit Salz, Zucker und Butter zum Kochen bringen, die Wurzeln hineingeben und etwa 5 Minuten kochen. Herausnehmen und erkalten lassen.
3. Die Wurzeln in mittelgroße Stükke schneiden. Mit der Marinade mischen und 10 Minuten ziehen lassen.
4. Das Basilikum waschen und mit einem Küchentuch trockentupfen. 16 Blätter für die Garnitur beiseite stellen. Die übrigen Blätter in feine Streifen schneiden und zum Salat geben.
5. Die Hummer in 2 1/2 Liter Salzwasser etwa 5 Minuten kochen, den Topf vom Ofen nehmen und 10 Minuten am Ofenrand stehen lassen.
6. Die Hummer herausnehmen, mit einer Fischschere halbieren, das Schwanzfleisch herausnehmen und in mittelgroße Stücke schneiden. Dann unter den Salat geben. Die Scheren aufbrechen, das Fleisch herausnehmen und zur Garnitur verwenden.
7. Den Karottensalat auf großen Tellern in der Mitte anrichten, mit dem Scherenfleisch und den Basilikumblättern garnieren.

Tip:

Karotten sind das Gemüse mit dem höchsten Gehalt an Karotin, einer Vorstufe des fettlöslichen Vitamin A. Im Frühjahr werden vor allem die Bundmöhren mit Grün verkauft. Im Sommer sind die länglichen Waschmöhren auf dem Markt, im Herbst und im Winter gibt es die Spät- oder Dauermöhren. Wichtig: Karotten stets mit etwas Fett zubereiten, damit der Organismus das Karotin besser aufnehmen kann.

Karottensalat

Sie benötigen für 4 Personen:

Für die Marinade:

1 Eigelb
Saft von 1 Zitrone
Zucker
Salz
weißen Pfeffer aus der Mühle
2 EL Distelöl
80 g Krevetten

Für den Salat:

400 g kleine Karotten mit Grün
200 g Zuckerschoten

Zum Garnieren:

100 g Krevetten
etwas frischen Dill

So wird's gemacht:

1. Das Eigelb in eine Schüssel geben, den Zitronensaft, die Gewürze und das Öl mit dem Schneebesen unterrühren. Die Krevetten in feine Würfel schneiden und unter die Marinade rühren.
2. Die Karotten schälen und bis auf etwa 1 Zentimeter das Grün entfernen. Die Zuckerschoten putzen, von den Fäden befreien und alles waschen.
3. Die Karotten in eine flache Kasserolle geben, mit kaltem Wasser bedecken und mit einer Prise Salz und Zucker etwa 2 Minuten kochen lassen, herausnehmen und in Eiswasser abschrecken.
4. Die Zuckerschoten etwa 1 1/2 Minuten in dem gleichen Wasser bißfest garen und in Eiswasser abschrecken. Auf ein Sieb geben und abtropfen lassen.
5. Die Marinade mit 2 Eßlöffeln Gemüsewasser verdünnen.
6. Die Karotten auf einem großen Teller mit dem Grün nach außen anrichten, die Zuckerschoten in die Mitte setzen, mit der Marinade vorsichtig beträufeln. Den Salat mit den Krevetten und dem Dill garnieren.

Linsensalat

Sie benötigen für 6 Personen:

Für den Salat:

300 g Linsen
1 Bund Suppengrün
300 g festkochende Kartoffeln
200 g Möhren
1 Stange Lauch
2 kleine Zwiebeln
3 Bund Schnittlauch

Für die Marinade:

6 EL Rotweinessig
1 TL scharfen Senf
1 TL Salz
Pfeffer aus der Mühle
8 EL Öl
5 Scheiben Grahambrot
4 EL Butter

So wird's gemacht:

1. Die Linsen über Nacht einweichen. Am nächsten Tag mit dem geputzten Suppengrün etwa 30 bis 45 Minuten weich kochen, abgießen und in eine Schüssel geben.
2. Die Kartoffeln waschen, 20 Minuten garen, schälen, in winzige Würfel schneiden und unter die Linsen heben.
3. Die Möhren schälen und in winzige Würfel schneiden. Den Lauch putzen, längs halbieren, gründlich ausspülen und quer in feine Streifen schneiden.
4. Das Gemüse in ein Sieb geben und für 2 Minuten in kochendes Salzwasser halten, eiskalt abschrecken und danach gut abtropfen lassen. Die Zwiebeln schälen und fein hacken. Den Schnittlauch waschen und kleinschneiden. Beides mit dem Gemüse zu den Linsen geben.
5. Für die Marinade Essig, Senf, Salz und Pfeffer so lange verrühren, bis sich das Salz ganz aufgelöst hat. Das Öl langsam dazufließen lassen und mit dem Schneebesen cremig schlagen.
6. Die Marinade über den Salat gießen, gut mischen und 1/2 Stunde ziehen lassen. Vor dem Servieren unbedingt nochmals abschmecken, eventuell nachwürzen.
7. Das Grahambrot würfeln und in der heißen Butter knusprig ausbraten. Zum Schluß unter den Salat mischen.

Griechischer Salat

Sie benötigen für 4 Personen:

Für den Salat:

3 Tomaten
1 rote Paprikaschote
2 kleine Zwiebeln
gefüllte Oliven (Glas)
1 kleinen Kopf Radicchio
1 kleinen Kopf grünen Salat
100 g Schafskäse

Für die Salatsauce:

4 EL Olivenöl
3 – 4 EL Obstessig
1/2 Tasse Weißwein
Meersalz
Pfeffer aus der Mühle
1 Prise Zucker

Zum Garnieren:

1 Bund Schnittlauch

So wird's gemacht:

1. Die Tomaten waschen und jeweils in acht Teile schneiden.
2. Die Paprikaschoten putzen, waschen, die Zwiebeln schälen und in dünne Streifen schneiden.
3. Die gefüllten Oliven halbieren und mit den übrigen Zutaten in einer Schüssel mischen.
4. Den Radicchio und den grünen Salat putzen, waschen, gut trockenschleudern und zerpflücken.
5. Den Schafskäse in kleine Würfel schneiden und mit den übrigen Zutaten vorsichtig vermischen.
6. Für die Salatsauce das Olivenöl mit dem Obstessig und dem Weißwein verrühren. Nach Geschmack mit Meersalz, Pfeffer und Zucker würzen. Den Salat mit der Sauce anmachen.
7. Den frisch geschnittenen Schnittlauch über dem Salat verteilen und sofort servieren.

Tip:

Eigentlich kann der Salat mit allen beliebigen Gemüsen der Saison zubereitet werden. In einigen Gegenden Griechenlands gibt man noch rohe oder nur kurz in Öl gedünstete Zucchinischeiben dazu, in anderen liebt man den Salat mit gekochten Brechbohnen.

Gemüsespaghetti mit Petersiliensauce

Sie benötigen für 2 Personen:

Für die Gemüsespaghetti:

4 mittelgroße Karotten (ca.400 g)
1 EL Butter
Kräutersalz

Für die Sauce:

1 kleine Zwiebel
1 EL kaltgepreßtes Sonnenblumenöl
1/8 l Gemüsefond (S. 20)
125 g süße Sahne
1 Bund glatte Petersilie
1/2 TL Zitronensaft
Kräutersalz
Pfeffer aus der Mühle

So wird's gemacht:

1. Die Karotten unter fließendem Wasser abbürsten, putzen und auf einer Gemüsereibe längs in dünne Streifen raspeln. Die Karottenspaghetti 1 bis 2 Minuten dämpfen.
2. Für die Sauce die Zwiebel schälen und in feine Würfel schneiden. Das Öl in einem flachen Topf erwärmen und die Zwiebelwürfel darin anschwitzen, bis sie glasig sind, mit dem Gemüsefond ablöschen und die Sahne dazugießen. Die Sauce bei geringer Hitze köcheln lassen, bis sie eingedickt ist.
3. Die Petersilie waschen und die Blättchen abzupfen, einige für die Garnitur beiseite legen. Die Sauce in den Mixer gießen und zusammen mit den Petersilienblättchen pürieren, dann in den Topf zurückgießen und mit Kräutersalz, Pfeffer und Zitronensaft abschmecken. Die Sauce warm stellen.
4. Die Butter in einer Pfanne schmelzen, die Karottenstreifen darin kurz wenden und mit Kräutersalz nach Geschmack würzen.

Brokkolisalat mit Parmesan

Sie benötigen für 2 Personen:

300 g Brokkoli
2 EL Pinienkerne
Meersalz
weißen Pfeffer aus der Mühle
Saft von 1/2 Zitrone
6 EL kaltgepreßtes Olivenöl
2 EL frisch geriebenen Parmesan

So wird's gemacht:

1. Brokkoli waschen und die großen Stiele abschneiden. Nur die Röschen und die zarten Stiele verwenden, die sie verbinden. Die großen Stiele für ein anderes Gericht beiseite legen.
2. Brokkoli etwa 4 Minuten dämpfen (die Röschen sollten noch bißfest sein).
3. Die Pinienkerne in einer heißen Pfanne ohne Fettzugabe goldbraun rösten.
4. Brokkoli auf zwei vorgewärmten Tellern anrichten. Mit Meersalz und Pfeffer nach Geschmack bestreuen, mit Zitronensaft und dem Öl beträufeln und zum Schluß die Pinienkerne und den Parmesan darüberstreuen.

Blumenkohl-Eier-Salat

Sie benötigen für 4 Personen:

Für den Salat:

1 Blumenkohl
Salz
4 Eier
2 kleine rote Paprikaschoten
1 mittelgroße Zwiebel

Für die Marinade:

4 El Weißweinessig
Salz
weißen Pfeffer aus der Mühle
2 El Tomatenmark
1 Becher Joghurt ohne Geschmack
Kräutermischung (Tiefkühltruhe)
4 EL Erdnußöl

So wird's gemacht:

1. Den Blumenkohl in Röschen teilen, die Strunkstücke in Scheiben schneiden und je nach Größe der Röschen in kochendem Salzwasser 6 bis 8 Minuten garen. In einem Sieb abtropfen lassen und in eine Schüssel geben.
2. Die Eier hartkochen, abschrekken, schälen und mit dem Eierschneider einmal längs und einmal quer durchschneiden. Die Paprikaschote waschen, putzen und in kleine Würfel schneiden. Beides zum Blumenkohl geben.
3. Aus Weißweinessig, Senf und Öl eine Marinade rühren und je nach Geschmack mit Salz, Pfeffer und Kümmel würzen. Die Marinade über den Salat gießen und gut durchmischen.

Brokkolisalat

Sie benötigen für 4 Personen:

Für die Salatsauce:

4 EL Weinessig, 1 TL scharfen Senf
1 kräftige Prise Zucker, Salz
schwarzen Pfeffer aus der Mühle
2 hartgekochte Eier, 6 EL Öl
Kräutermischung (Tiefkühltruhe)

Für den Salat:

750 g Brokkoli
Salz, 4 gehäutete Tomaten
1/2 Bund Radieschen
2 Scheiben Toastbrot
10 g Butter
1 Knoblauchzehe

So wird's gemacht:

1. Essig mit Senf, Zucker, Salz und Pfeffer verrühren. Eier schälen. Eigelbe durch ein Sieb streichen, Eiweiße fein hacken und beiseite stellen. Eigelbe mit Öl unter den Essig mischen. Aufgetaute Kräuter mit der Sauce verrühren.
2. Brokkoli putzen, harte Stielteile abschneiden. Die Stiele schälen und tief über Kreuz einschneiden. Wasser kräftig salzen, Brokkoli 10 Minuten bißfest kochen. Herausnehmen, kalt abschrecken, abtropfen und auf Haushaltspapier abkühlen lassen.
3. Die Tomaten vierteln, entkernen und von den grünen Stengelansätzen befreien. Dann das Fruchtfleisch in feine Streifen schneiden.
4. Die Radieschen waschen und vierteln. Brokkoli in Röschen teilen, die Stielenden in etwa 1 cm dicke Scheiben schneiden. Röschen und Stiele mit der Sauce, den Radieschen und den Tomatenstreifen vermischen und in eine Schüssel geben.
5. Die Toastbrotscheiben entrinden. Die Butter in einer Pfanne erhitzen und die Brotscheiben darin goldbraun rösten.
6. Die Knoblauchzehe schälen, halbieren und die Brotscheiben kräftig damit einreiben, dann in winzige Würfel schneiden.
7. Den Salat in eine Schale füllen, mit Eiweiß und Brotwürfeln bestreut servieren.

Rosenkohlsalat

Sie benötigen für 4 Personen:

Für den Salat:

500 g kleine Rosenkohlröschen
1/2 l kräftige Fleischbrühe
1 Knolle rote Bete
2 Möhren
100 g Sellerieknolle
2 Frühlingszwiebeln
1 Bund glatte Petersilie

Für die Salatsauce:

1 Becher Crème fraîche (200g)
Salz
schwarzen Pfeffer aus der Mühle
geriebene Muskatnuß

So wird's gemacht:

1. Den Rosenkohl putzen, den Stengelansatz abschneiden. Die Röschen waschen, abtropfen lassen und die Stengelansätze ganz leicht über Kreuz einritzen.
2. Die Fleischbrühe zum Kochen bringen, die Kohlröschen einlegen und zugedeckt bei schwacher Hitze 8 bis 10 Minuten bißfest kochen. Mit einem Schaumlöffel herausnehmen und in eine Schüssel geben. Fleischbrühe beiseite stellen.
3. Die rote Bete gründlich waschen, mit kaltem Wasser aufsetzen und 20 Minuten garen.
4. Die Möhren und die Sellerieknolle schälen, in feine Streifen schneiden und in der Fleischbrühe 5 Minuten bißfest kochen. Herausnehmen und abtropfen lassen.
5. Die Frühlingszwiebeln putzen, die weißen Teile hacken, die grünen in feine Ringe schneiden. Die rote Bete schälen und in dünne Streifen schneiden. Die Petersilie abspülen und fein hacken.
6. Die Crème fraîche mit Salz, Pfeffer und Muskat abschmecken, mit den Salatzutaten vermischen und lauwarm servieren.

Rosenkohl mit Walnüssen

Sie benötigen für 4 Personen:

Für die Salatsauce:

4 EL Sherryessig
1/2 TL scharfen Senf
Salz
weißen Pfeffer aus der Mühle
etwas gestoßenen Koriander
6 EL Walnußöl

Für den Salat:

500 g Rosenkohl
1/2 l kräftige Fleischbrühe
50 g Walnüsse
1 Ei

So wird's gemacht:

1. Für die Sauce den Sherryessig mit dem Senf verrühren, mit Salz, weißem Pfeffer und Koriander nach Geschmack würzen und unter Rühren das Walnußöl hinzufügen.
2. Den Rosenkohl putzen, waschen und die Stengelansätze einritzen. Die Fleischbrühe zum Kochen bringen und die Kohlröschen bei schwacher Hitze 8 bis 10 Minuten bißfest kochen. Mit einem Schaumlöffel herausnehmen und abkühlen lassen.
3. Die Kohlröschen mit der Sauce vermischen und 20 Minuten ziehen lassen. Das Ei hartkochen, abschrecken, schälen und das Eigelb herausnehmen. Die Walnüsse hacken, das Eigelb durch ein Sieb streichen und beides über den Salat streuen.

Rosenkohl in Maronensauce

Sie benötigen für 4 Personen:

Für die Sauce:
100 g Maronenpüree (aus der Dose)
4 EL Crème fraîche
2 Schalotten
2 EL trockenen Sherry

Für den Salat:
500 g Rosenkohl
1/2 l Fleischbrühe
Pfeffer aus der Mühle

Zum Garnieren:
einige Kerbelblättchen

So wird's gemacht:

1. Für die Sauce das Maronenpüree mit der Crème fraîche verrühren. Die Schalotten schälen, sehr fein hacken und dazugeben. Mit dem Sherry abschmecken.
2. Den Rosenkohl wie beim Rosenkohlsalat zubereiten und mit der Sauce vermischen.
3. Pfeffer nach Belieben über den Salat streuen und mit einigen Kerbelblättchen verzieren.

Spargelsalat mit Krabben

Sie benötigen für 4 Personen:

Für den Salat:

1200 g grünen Spargel
Salz
Pfeffer aus der Mühle
Zucker

Für die Sauce:

ca. 200 g Spargelabschnitte
1/2 TL milden Senf
2 EL Weißweinessig
50 ml Distelöl
Salz
Zucker
weißen Pfeffer aus der Mühle

Außerdem:

8 Hummerkrabbenschwänze
etwas Kartoffelstärke
40 ml Olivenöl
4 Wachteleier
1 Bund Kerbel

So wird's gemacht:

1. Den Spargel von oben nach unten schälen (härtere Endstücke abschneiden) und 5 Minuten in kaltes Wasser legen. In 1 1/2 Liter Wasser Salz und Zucker geben und darin den Spargel 8 Minuten kochen lassen. In Eiswasser abschrecken und abtropfen lassen.
2. Die Spargelabschnitte in 1/4 Liter des Spargelwassers etwa 5 Minuten kochen, herausnehmen, pürieren und durch ein Sieb streichen. Übrige Zutaten für die Sauce dazugeben und alles verquirlen.
3. Die Hummerkrabbenschwänze schälen, der Länge nach halbieren, würzen und mit Kartoffelstärke bestäuben. Im erhitzten Olivenöl 1 Minute von jeder Seite braten, auf Küchenpapier legen.
4. Den Spargel in 5 Zentimeter große Stücke schneiden und in der Sauce wenden.
5. Die Wachteleier etwa 1 1/2 Minuten in Wasser kochen, abschrecken, schälen und halbieren.
6. Den Spargelsalat auf großen Tellern in der Mitte anrichten, die Spargelspitzen ringsherum legen und das Ganze mit Hummerkrabben, Kerbelblättchen und Wachteleiern garnieren.

Spargelsalat mit Lachs

Sie benötigen für 4 Personen:

Für den Salat:

1 kg Stangenspargel
Salz
Zucker
1 TL Butter
150 g Räucherlachs in Scheiben

Für das Dressing:

2 EL Estragonessig
6 EL Sonnenblumenöl
1 EL Rinderfond (S. 20)
Salz
Pfeffer

Zum Garnieren:

1 EL Kerbelblättchen

So wird's gemacht:

1. Den Spargel waschen und von den Köpfen abwärts großzügig schälen. Die unteren Enden etwa 2 Zentimeter breit abschneiden.
2. Den Spargel in Salzwasser, dem 1/2 Teelöffel Zucker und 1 Teelöffel Butter zugefügt wurde, je nach Dicke der Stangen bißfest kochen. In Eiswasser abschrekken und gut abtropfen lassen.
3. Den Spargel in 3 Zentimeter lange Stücke schneiden.
4. Aus den Zutaten für das Dressing eine Sauce zubereiten und den Spargel damit überziehen.
5. Den Spargelsalat abschmecken und auf flachen Tellern anrichten.
6. Die Räucherlachsscheiben halbieren, zu kleinen Röschen drehen und anlegen. Zum Schluß die Kerbelblättchen darübergeben.

Wirsingsalat mit Champignons

Sie benötigen für 4 Personen:

Für die Marinade:

1/8 l Geflügelfond (S. 20)
2 Schalotten
2 EL Himbeeressig
1 EL süßen Senf
Salz
Zucker
weißen Pfeffer aus der Mühle
4 EL Traubenkernöl

Für den Salat:

1 Kopf Wirsing (ca. 800 g)
250 g frische Champignons
80 g Butter
80 g mageren Speck
1/2 Baguette oder Weißbrot

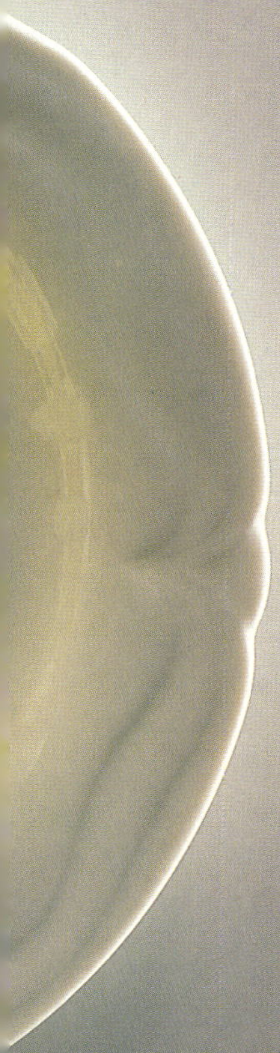

So wird's gemacht:

1. Den Geflügelfond zum Kochen bringen. Die Schalotten schälen, fein hacken und in den Geflügelfond geben. Etwa 2 Minuten kochen lassen.
2. Den Fond abkühlen lassen, bis er handwarm ist, in einen Mixbecher geben und mit dem Essig, dem Senf und den Gewürzen kurz verquirlen. Das Öl nach und nach untermixen.
3. Den Wirsing putzen, die äußeren Blätter und den Strunk entfernen. Den Kopf in feine Streifen schneiden, waschen und in 1 1/2 Liter kochendem Salzwasser etwa 2 Minuten blanchieren. In Eiswasser abschrecken und die Streifen abtropfen lassen. Den Wirsing in eine Schüssel geben, mit der Marinade begießen, mischen und durchziehen lassen.
4. Die Champignons putzen, die Stielenden abschneiden. Die Pilze unter fließendem kaltem Wasser waschen, abtropfen lassen und achteln.
5. Die Hälfte der Butter in einer Pfanne erhitzen, die Speckwürfel darin goldbraun braten, mit einem Schaumlöffel herausnehmen, auf einem Küchenpapier kurz abtropfen lassen und unter den Salat heben.
6. Die Champignons in die Butter geben, goldbraun braten und auf einem Küchenpapier abtropfen lassen.
7. Das Weißbrot in feine Würfel schneiden und mit der restlichen Butter in einer Pfanne von allen Seiten goldbraun braten.
8. Den Wirsingsalat auf mittelgroßen Tellern anrichten, mit den Champignons und den Brotwürfeln bestreuen.

Speck-Wirsing-Salat mit Äpfeln

Sie benötigen für 4 Personen:

Für die Marinade:

150 g Joghurt
2 EL Crème fraîche
2 EL Milch
Saft von 1 Zitrone
1 Spritzer Tabasco
Salz
weißen Pfeffer aus der Mühle

Für den Salat:

1 Kopf Wirsing (ca. 700 g)
2 grüne Äpfel
20 g Butter
150 g mageren Speck

So wird's gemacht:

1. Den Joghurt, die Crème fraîche, die Milch und den Zitronensaft in einer Schüssel mit dem Schneebesen verrühren und mit den Gewürzen abschmecken.
2. Den Wirsing putzen, die äußeren Blätter entfernen und den Strunk herausschneiden. Den Wirsing vierteln und in 1 1/2 Liter kochendem Salzwasser 2 Minuten blanchieren. In Eiswasser abschrecken und gut abtropfen lassen. Die Wirsingstreifen mit der Marinade mischen.
3. Die Äpfel waschen, schälen, halbieren, entkernen, in feine Streifen schneiden und zum Wirsing geben. Den Wirsingsalat auf mittelgroßen Tellern anrichten.
4. Die Butter in einer Pfanne erhitzen. Den Speck würfeln, darin von allen Seiten braten, die Würfel auf einem Sieb abtropfen lassen und über den Salat streuen.

Kohlrabisalat

Sie benötigen für 4 Personen:

Für den Salat:

3 Kohlrabi (je etwa 200 g)
1/2 l kräftige Fleischbrühe
8 Stengel Basilikum
(oder 8 große Blätter)
1/2 Bund Kerbel
1 Stengel Zitronenmelisse
1 junge Möhre

Für die Salatsauce:

10 cl süße Sahne
2 EL Zitronensaft
1 EL Walnußöl
Salz

So wird's gemacht:

1. Von den Kohlrabi die zarten Herzblättchen abschneiden und beiseite legen. Die Knollen schälen, zuerst in Scheiben, dann in Streifen schneiden.
2. Die Fleischbrühe aufkochen, die Kohlrabi einlegen und 5 Minuten blanchieren. Mit einem Schaumlöffel herausheben und abkühlen lassen. Die Brühe nicht wegschütten (anderweitig verwenden!).
3. Herzblättchen, Basilikum, Kerbel und Zitronenmelisse waschen und trockentupfen. Harte Stiele entfernen. Die Blättchen hacken.
4. Für die Sauce die Sahne mit dem Zitronensaft und dem Walnußöl verrühren, nach Geschmack mit einer Prise Salz würzen.
5. Kohlrabi, Kräuter und Möhre mit der Sauce vermischen und in eine Servierschüssel füllen.

Blumenkohlsalat mit Currysauce

Sie benötigen für 4 Personen:

Für den Salat:

1 Blumenkohl (etwa 750 g)
Salz
1 TL Zucker
5 Pfefferkörner
1 kleine rote Paprikaschote
2 Frühlingszwiebeln

Für die Salatsauce:

100 g Mayonnaise
2 EL süße Sahne
1 EL Zitronensaft
1 El Currypulver
1 Messerspitze Koriander

Zum Garnieren:

25 g grob gehackte Haselnüsse
einige Kerbelblättchen

So wird's gemacht:

1. Den Blumenkohl putzen, in Röschen zerteilen, waschen und abtropfen lassen. Etwa 1 Liter Wasser mit den Pfefferkörnern zum Kochen bringen. Die Blumenkohlröschen einlegen und etwa 10 Minuten bißfest kochen. Die Kohlröschen mit einem Schaumlöffel herausnehmen und auf Küchenpapier abtropfen lassen.
2. Die Paprikaschote putzen, waschen, einmal quer halbieren, dann längs in hauchdünne Streifen schneiden. Die Frühlingszwiebeln putzen, das Weiß fein hacken und die grünen Teile in dünne Ringe schneiden.
3. Mayonnaise, Sahne, Zitronensaft und das Currypulver verrühren, mit dem Koriander und etwas Salz nach Geschmack würzen.
4. Die Blumenkohlröschen mit den Zwiebeln, den Paprikastreifen und der Salatsauce vorsichtig mischen. Vor dem Servieren nach Belieben mit Haselnüssen und Kerbelblättchen bestreuen.

Selleriesalat

Sie benötigen für 4 Personen:

Für den Salat:

2 kleine Sellerieknollen (je 300 g)
mit etwas Blattgrün
2 EL Weinessig
1 TL Salz
1 TL Dillsamen
1 großen säuerlichen Apfel
5 EL Walnußöl

Für die Salatsauce:

2 EL Weinessig
Zucker
schwarzen Pfeffer aus der Mühle

So wird's gemacht:

1. Von den Sellerieknollen die zarten Blätter abschneiden, die Knollen unter fließendem Wasser gründlich abbürsten, dann schälen. 1/4 Liter Wasser mit 2 Eßlöffeln Essig, 1 Teelöffel Salz und den Dillsamen zum Kochen bringen. Die Sellerieknollen einlegen und 20 Minuten bißfest kochen.
2. Die Knollen herausnehmen, abtropfen lassen und kurz unter lauwarmem Wasser abspülen. Etwas vom Kochsud beiseite stellen. Die Knollen halbieren oder vierteln, dann in dünne Scheiben schneiden.
3. Für die Sauce einen Teil des Kochsuds durchsieben, zwei Eßlöffel davon in eine Schüssel geben und mit Essig, Zucker und Pfeffer verrühren.
4. Den Apfel vierteln, schälen, vom Blüten- und Stengelansatz befreien und grob raffeln, dabei das Kerngehäuse entfernen. Anschließend rasch mit dem Sellerie und der Salatsauce mischen. Vor dem Servieren den Salat 20 Minuten durchziehen lassen.
5. Die Sellerieblättchen waschen, trockentupfen und fein hacken. Dann zusammen mit dem Öl unter den Salat mischen. Nach Geschmack mit Salz nachwürzen.

Rote-Bete-Salat

Sie benötigen für 4 Personen:

Für den Salat:

600 g rote Beten mit Blattwerk (kleine Knollen)

1 TL Kümmel

1 TL Dillsamen

1 EL Salz

4 EL Rotweinessig

1 kleine Zwiebel

1 Knoblauchzehe

1/2 Bund gemischte Kräuter der Saison

Für die Salatsauce:

4 EL Rotweinessig

1/2 TL scharfen Senf

1 Prise Zucker

weißen Pfeffer aus der Mühle

3 EL feines Speiseöl

So wird's gemacht:

1. Die roten Beten von den Blättern befreien, dabei jedoch die Schale nicht verletzen. 1 Liter Wasser mit Kümmel, Dillsamen, Salz und Essig zum Kochen bringen. Rote-Bete-Knollen einlegen und zugedeckt 25 Minuten garen. Abgießen, rasch unter kaltem Wasser abschrecken und schälen. Etwas Kochsud beiseite stellen. Die Knollen mit einem Messer in etwa 1 Millimeter dünne Scheiben schneiden und abkühlen lassen.
2. Die Kräuter abspülen, trockentupfen und fein hacken. Die Zwiebel und die Knoblauchzehe schälen und fein hacken.
3. Aus Essig, Senf, Salz und Zucker eine pikante Sauce rühren, dann das Öl mit dem Schneebesen einschlagen und nach Belieben etwas Kochsud hinzufügen.
4. Die roten Beten mit der Sauce vermischen. Die zarten Blättchen abspülen, trockentupfen und hakken. Den Salat in eine Servierschale füllen und mit den Blättchen bestreuen.

Vorspeisen-salate

Ohne die appetitanregenden, auf die kommenden Genüsse einstimmenden Vorspeisen ist das festliche Menü nicht denkbar.

Ein leichter, frischer Salat zum Entrée belastet den Magen nicht und ist deshalb der geeignete Auftakt für ein opulentes Mahl.

Salat als Vorspeise bedeutet, daß der Kreativität keine Grenzen gesetzt werden. Egal, ob man nur einfache Blatt- oder gemischte Salate serviert, ob man pikante oder leichte Dressings bevorzugt oder ob man den Salat mit kleinen Leckereien garniert, man wird immer Gaumenfreuden bereiten und so seine Gäste hervorragend auf weitere Schlemmereien neugierig machen.

Bunter Vorspeisensalat

Sie benötigen für 2 Personen:

Für den Salat:

50 g dünne grüne Bohnen
50 g grüne Erbsen
50 g Maiskörner (Dose)
5 Kirschtomaten
1/8 l Geflügelfond (S. 20)
125 g Putenbrust
1 TL Butter
4 Wachteleier
Salz
weißen Pfeffer aus der Mühle

Für die Sauce:

1/2 TL Balsamessig
(Aceto balsamico)
1 EL Sherryessig
1 1/2 EL Sonenblumenöl
1 TL gehackten Kerbel

So wird's gemacht:

1. Die grünen Bohnen waschen, die Enden abschneiden und die Bohnen entfädeln. Diese etwa 5 Minuten in Salzwasser kochen.
2. Die grünen Erbsen hinzufügen und bei geringer Hitzezufuhr weitere 5 Minuten kochen lassen. Das Gemüse anschließend abgießen.
3. Die Maiskörner in einem Sieb abtropfen lassen. Die Kirschtomaten quer halbieren und leicht salzen.
4. Den Geflügelfond aufkochen lassen, die Putenbrust hineingeben und bei sehr geringer Hitzezufuhr etwa 1/2 Stunde garen, in der Brühe erkalten lassen.
5. Inzwischen die Sauce zubereiten. Dafür die beiden Essigsorten mit wenig Salz und Pfeffer verrühren. Das Öl hinzufügen und die Sauce mit dem Schneebesen so lange schlagen, bis sie sämig ist. Die Hälfte des Kerbels dazugeben.
6. Die Bohnen, die Erbsen und die Maiskörner mit der Sauce mischen und auf Tellern anrichten.
7. Die Butter in einer Pfanne erhitzen. Die Wachteleier aufschlagen und wie Spiegeleier darin braten. Aufpassen, daß sie nicht zu fest werden (geht sehr schnell!). Die Eier mit Salz und Pfeffer würzen.
8. Den Salat mit den Wachteleiern und den halbierten Kirschtomaten oder den Tomatenachteln garnieren.

Tip:

Je nach Saison kann die Zusammenstellung der Zutaten variiert werden. So passen zum Beispiel auch Zuckerschoten, Spargel oder zarter Spinat sehr gut.
Anstatt mit Wachteleiern kann man den Salat auch mit Mangoschnitzen garnieren und mit geröstetem Sesamsamen bestreuen. Der Salat läßt sich auch dekorativ in große ausgehöhlte Fleischtomaten füllen. Dann müssen die im Rezept angegebenen Kirschtomaten weggelassen werden.

Asia-Salat mit Garnelen

Sie benötigen für 2 Personen:

Für den Salat:

2 Riesengarnelenschwänze in der
Kruste
Salz
50 g gemischte Blattsalate
1 mittelgroße Tomate
4 Basilikumblätter
4 Pfefferminzblätter

Für das Dressing:

1 Limette
1/2 zerdrückte Knoblauchzehe
1/2 EL Sojasauce
1 EL Erdnußöl
1/2 TL gehacktes Basilikum
1 Stück frische Ingwerwurzel
1 kleines Stück rote,
scharfe Pfefferschote
weißen Pfeffer aus der Mühle

So wird's gemacht:

1. Etwa 1/4 Liter Wasser aufkochen lassen und die Garnelenschwänze darin etwa 1 Minute kochen, herausnehmen.
2. Die Salatblätter putzen, waschen und gut trockenschleudern. Die Tomate waschen, den Stielansatz entfernen und die Tomate achteln.
3. Für das Dressing die Limette auspressen, den Saft mit dem Knoblauch, der Sojasauce sowie 1 Teelöffel Wasser mischen.
4. Tropfenweise das Öl unter die Sauce rühren und das gehackte Basilikum hinzufügen.
5. Das Ingwerwurzelstück schälen und in sehr kleine Würfelchen schneiden.
6. Die Pfefferschote längs halbieren, entkernen und ebenfalls sehr fein würfeln. Beides zum Dressing geben und es mit Salz und Pfeffer abschmecken.
7. Die Krusten der Garnelen jeweils an der Bauchseite aufschneiden und entfernen. Das letzte Glied der Kruste mit dem Schwanz daranlassen. Die Garnelen längs bis zum Schwanz hin aufschneiden und den Darm herausziehen.
8. Die Salatblätter mit den Basilikum- und den Pfefferminzblättern, den Tomatenachteln und dem Dressing gut mischen und mit den Garnelen anrichten.

Avocadosalat mit Erdbeeren

Sie benötigen für 4 Personen:

Für die Marinade:

30 ml weißen Traubensaft
Saft von 1/2 Zitrone
1 Eigelb
Salz
Zucker
weißen Pfeffer aus der Mühle
1 Spritzer Tabasco
2 EL Walnußöl

Für den Salat:

4 Avocados
200 g reife, feste Erdbeeren
1 Bund Zitronenmelisse

So wird's gemacht:

1. Den Traubensaft, den Zitronensaft und das Eigelb in eine Schüssel geben, mit einem Schneebesen glattrühren und mit Salz, Zucker, Pfeffer und dem Spritzer Tabasco abschmecken. Das Walnußöl kräftig mit dem Schneebesen unterrühren, bis sich das Öl mit der Flüssigkeit verbunden hat.
2. Die Avocados schälen, halbieren, entkernen und vier Hälften mit etwas Zitronensaft beträufeln und beiseite stellen. Die restlichen vier Hälften nochmals teilen, in Scheiben schneiden und in die Marinade geben.
3. Die Erdbeeren putzen, waschen und mit einem Küchentuch trokkentupfen. Dann in Scheiben schneiden und vorsichtig unter den Avocadosalat geben, damit die Früchte nicht zerdrückt werden.
4. Die Avocadohälften auf einen mittelgroßen Teller legen, den Salat darauf anrichten und mit den gewaschenen und trockengetupften Zitronenmelisseblättern garnieren.

Opernsalat

Sie benötigen für 4 Personen:

Für den Salat:

2 kleine Köpfe Radicchiosalat
300 g Artischockenböden
oder -herzen (Dose)
1 weiche Avocado
120 g geschälte
oder gekochte Krevetten

Für das Dressing:

3 EL Sherryessig
1/2 TL Salz
schwarzen Pfeffer aus der Mühle
1 EL gehackte Schalotten
2 EL gehackten Kerbel
6 EL Olivenöl

Zum Garnieren:

4 gekochte Wachteleier (Glas)
40 g Lachskaviar
200 g geräucherten Lachs
1/4 Bund Kerbel

So wird's gemacht:

1. Den Radicchio putzen, waschen und abtropfen lassen. Die Artischockenböden (oder -herzen) in Scheiben schneiden. Die Avocado schälen, halbieren, den Stein entfernen und das Fruchtfleisch in Spalten schneiden.
2. Für das Dressing den Sherryessig in eine Schüssel geben, Salz und Pfeffer hinzufügen. Die Schalotten und den Kerbel in die Schüssel zum Essig geben und mit dem Olivenöl aufrühren.
3. Die Krevetten, die Avocado, den Radicchio und die Artischocken im Dressing anmachen und auf 4 Tellern anrichten.
4. Die Salatteller mit den halbierten Wachteleiern, dem Lachskaviar, den Lachsscheiben und den Kerbelblättern garnieren.

Spinatsalat mit Geflügelleber

Sie benötigen für 4 Personen:

Für den Salat:

200 g jungen Spinat

300 g Geflügelleber

Für das Dressing:

5 EL Balsamessig (Aceto balsamico)

15 EL Olivenöl

Salz

Pfeffer aus der Mühle

2 EL Butter

Zum Garnieren:

2 EL Sonnenblumenkerne

So wird's gemacht:

1. Den Spinat waschen, die Stiele entfernen, gut abtropfen lassen und mit Küchenpapier trockentupfen.
2. Die Geflügelleber von Fettresten und Sehnen befreien.
3. Den Balsamessig mit dem Olivenöl zu einem Dressing verrühren, mit Salz und Pfeffer nach Geschmack würzen.
4. Die Geflügelleber unter wiederholtem Wenden etwa 4 Minuten in Butter braten und mit Salz und Pfeffer würzen.
5. Den Spinat mit gut der Hälfte des Dressings anmachen und dekorativ auf flache Teller verteilen.
6. Die Geflügelleber darauf anordnen und mit dem restlichen Dressing bestreichen.
7. Den Spinatsalat mit Sonnenblumenkernen bestreut servieren.

Tip:

Am besten verwenden Sie Hähnchen- oder Poulardenleber, da häufig von beiden Geflügelklein angeboten wird. Achten Sie darauf, daß von der Geflügelleber Galle und Gallenflecken entfernt sind (sonst vom Geflügelhändler beseitigen lassen).

Melonensalat mit Matjesstreifen

Sie benötigen für 4 Personen:

Für den Salat:

1 reife Netzmelone
4 Matjesfilets
50 g Friséesalat

Für das Dressing:

100 g Crème fraîche
Zitronensaft
Salz
Pfeffer aus der Mühle

So wird's gemacht:

1. Von der Melone einen Deckel abschneiden und mit einem Eßlöffel die Kerne aus der Melone sorgfältig entfernen.
2. Das Fruchtfleisch herauslösen und in kleine Würfel schneiden.
3. Die Matjesfilets, falls erforderlich, wässern, trockentupfen und in schmale Streifen schneiden.
4. Den Friséesalat waschen und trockentupfen.
5. Die Crème fraîche mit einigen Tropfen Zitronensaft, Salz und Pfeffer würzen und verrühren.
6. Die Melonenwürfel und die Matjesstreifen unterheben und abschmecken.
7. Kurz vor dem Servieren den Friséesalat klein schneiden und unterziehen.
8. Den Melonensalat in die Melone füllen und gut gekühlt servieren.

Tip:

Anstatt einer Netzmelone können Sie auch eine Honigmelone für den Salat verwenden. Die gelben Honigmelonen erinnern in der Form an einen Rugbyball, ihr zartgrünes Fruchtfleisch ist honigsüß. Netzmelonen haben ein weißes Netz, das die Schale überzieht, ihr Fruchtfleisch ist aprikosenfarbig. Ähnlich sind auch die Cantalupemelonen. Sie sind fast rund, stark gerippt und haben orangefarbiges Fruchtfleisch.

Spargelsalat mit Dillvinaigrette

Sie benötigen für 2 Personen:

Für den Salat:

300 g weißen Spargel
Salz
1 EL Butter
1 TL Zucker
50 g Frisée- oder Kopfsalat

Für die Vinaigrette:

1 EL Rotweinessig
Salz
3 EL kaltgepreßtes Olivenöl
1 TL Zitronensaft
weißen Pfeffer aus der Mühle
1 Prise Zucker
1 EL gehackten Dill

So wird's gemacht:

1. Die Spargelstangen von oben nach unten großzügig schälen. Das untere holzige Ende der Stangen abschneiden. Den Spargel portionsweise mit Küchenschnur zusammenbinden.
2. 2 Liter Wasser mit dem Salz, der Butter und dem Zucker in einem großen Topf aufkochen lassen. Die Spargelstangen in das kochende Wasser geben, den Topf abdecken und den Spargel bei geringer Hitzezufuhr etwa 15 Minuten gar kochen. Den Spargel aus dem Wasser heben, gut abtropfen und auskühlen lassen.
3. Die untere Hälfte der gekochten Spargelstangen schräg in etwa 3 Zentimeter lange Stücke schneiden. Die Spargelspitzen längs halbieren.
4. Den Blattsalat in einzelne Blättchen zerteilen, waschen und gut trockenschleudern.
5. Für die Vinaigrette den Essig mit etwas Salz verrühren. Das Öl unter ständigem Rühren dazugeben und dann den Zitronensaft daruntermischen.
6. Die Vinaigrette mit Pfeffer und einer Prise Zucker abschmecken und den Dill dazugeben. Die Spargelstücke mit zwei Dritteln der Vinaigrette mischen und auf Tellern anrichten.
7. Die Spargelspitzen in der restlichen Vinaigrette wenden und darüberlegen. Den Spargelsalat mit Salatblättern garnieren.

Meeresfrüchtesalat

Sie benötigen für 2 Personen:

Für den Salat:

200 g mittelgroße küchenfertige Tintenfische (ausgenommen)
Salz
250 g Miesmuscheln
100 g Scampischwänze ohne Kruste
1 1/2 Knoblauchzehen
1 EL gehackte Petersilie

Für die Salatsauce:

3 EL kaltgepreßtes Olivenöl
1/2 EL Weinessig
Saft von 1 Zitrone
weißen Pfeffer aus der Mühle

Zum Garnieren:

2 ganze Muscheln
2 Petersilienblättchen

So wird's gemacht:

1. Die Tintenfische in mundgerechte Stücke schneiden, in einen Topf geben und mit Wasser bedecken. Etwas Salz hinzufügen und zugedeckt etwa 1 Stunde garen.
2. Die Miesmuscheln unter kaltem Wasser gründlich abbürsten und auf einen Siebeinsatz legen. Die Muscheln so lange im Dampf garen, bis sich die Schalen öffnen (etwa 5 Minuten). Ungeöffnete Muscheln unbedingt entfernen.
3. Die Scampischwänze ebenfalls in einem Siebeinsatz im Dampf je nach Größe 2 bis 3 Minuten garen. Erkalten lassen und dann in kleine Stücke schneiden.
4. Den Knoblauch mit dem Wiegemesser fein hacken und mit der Petersilie mischen.
5. Das Muschelfleisch bis auf das von zwei Muscheln aus den Schalen lösen. Die zwei ganzen Muscheln für die Garnitur beiseite legen.
6. Für die Sauce das Olivenöl, den Weinessig und den Zitronensaft verrühren und mit Pfeffer abschmecken.
7. Alle Meeresfrüchte mit der Sauce mischen und 1 bis 2 Stunden abgedeckt im Kühlschrank durchziehen lassen.
8. Den Salat auf Tellern anrichten, mit Pfeffer aus der Mühle und mit der Knoblauch-Petersilien-Mischung bestreuen. Mit je einem Petersilienblatt und einer ganzen Muschel garnieren.

Tip:

Für diesen Salat eignen sich besonders die italienischen Tintenfische, deren Fangarme mit Saugnäpfen versehen sind.
Je nach Größe und Zartheit müssen sie mehr oder weniger lange gekocht werden.

Tintenfischsalat

Sie benötigen für 4 Portionen:

Für den Salat:

750 g küchenfertige Tintenfische (ausgenommen)
2 Zwiebeln
1 Lorbeerblatt
1 TL Pfefferkörner
Salz
Zitronensaft
1 TL Oregano
1 große Fleischtomate
1/2 Salatgurke
1/2 Bataviasalat
1 kleines Glas Oliven (mit Paprika gefüllt)

Für die Salatsauce:

4 EL Rotweinessig
weißen Pfeffer aus der Mühle
5 El Olivenöl

Zum Garnieren:

1/2 Bund glatte Petersilie

So wird's gemacht:

1. Die Tintenfische abspülen. Die Zwiebeln schälen und vierteln. Zusammen mit dem Fisch, dem Lorbeerblatt, den Pfefferkörnern, Salz, Zitrone und Oregano in einen Topf füllen. Mit Wasser bedecken und zugedeckt 30 Minuten kochen lassen. Probieren, ob der Fisch schon weich ist, wenn nicht, die Kochzeit verlängern.
2. Die Tomaten mit kochendem Wasser überbrühen, eiskalt abschrecken, die Haut abziehen und die Kerne mit einem Teelöffel herausschaben. Das Fruchtfleisch in Würfel schneiden.
3. Die Gurke schälen, längs halbieren und die Kerne entfernen. Das Fruchtfleisch kleinwürfeln.
4. Den Bataviasalat teilen, waschen und gut abtropfen lassen. Den Tintenfisch in schmale Ringe schneiden und die Oliven jeweils quer halbieren.
5. Für die Salatsauce den Essig mit Salz und Pfeffer verrühren. Das Olivenöl mit dem Schneebesen unterschlagen, bis die Sauce cremig geworden ist. Die Sauce über die Zutaten gießen und alles gut mischen.
6. Die Petersilie von den Stengeln zupfen und die Petersilienblättchen auf den Salat streuen.

Heilbuttsalat mit Gemüse

Sie benötigen für 4 Personen:

Für die Salatsauce:

5 EL saure Sahne
Saft von einer Zitrone
Salz
weißen Pfeffer aus der Mühle
1 Prise Cayennepfeffer
1 Prise frisch geriebene Muskatnuß

Für den Salat:

3 kleine Kohlrabi
2 EL Butter
150 g Zuckerschoten
Salz
500 g geräucherten Heilbutt

Zum Garnieren:

1 Handvoll Kerbel

So wird's gemacht:

1. Aus saurer Sahne, Zitronensaft, Salz, Pfeffer, Cayennepfeffer und Muskat mit dem Schneebesen eine Salatsauce rühren.
2. Die Kohlrabi schälen und in Stifte schneiden. In heißer Butter 10 Minuten dünsten.
3. Die Zuckerschoten in kochendem Salzwasser 3 Minuten kurz blanchieren. Abschrecken, abtropfen lassen und in Stücke schneiden.
4. Die Sauce über das Gemüse gießen und vermischen. Den Fisch in mundgerechte Stücke teilen und vorsichtig unterheben.
5. Den Kerbel abbrausen, abzupfen und über den Salat streuen.

Forellensalat

Sie benötigen für 4 Personen:

Für die Salatsauce:

2 Salatgurken

Salz

1/8 l süße Sahne

weißen Pfeffer aus der Mühle

1 Messerspitze Cayennepfeffer

Saft von einer Zitrone

Für den Salat:

2 geräucherte Forellen

2 Kästchen Kresse

So wird's gemacht:

1. Eine Gurke schälen, längs halbieren und die Kerne herausschaben. Die Gurke im Mixer pürieren und salzen. Die Sahne steif schlagen, das Gurkenpüree durch ein Haarsieb streichen und in einer Schüssel mit der Sahne mischen. Mit Pfeffer, Cayennepfeffer und Zitronensaft abschmecken.
2. Die zweite Gurke schälen und in feine Scheiben hobeln. Unter das Püree heben.
3. Die Forellen enthäuten und filetieren. Die Forellenfilets in Rauten schneiden und unter die Gurken mischen.
4. Die Kresse abbrausen und mit einer Küchenschere direkt über der Schüssel abschneiden.

Wirsingsalat mit Lachsstreifen

Sie benötigen für 4 Personen:

Für den Salat:

1 Wirsingkopf (ca. 600 g)
Salz
200 g Räucherlachs
2 Schalotten

Für die Marinade:

3 El Rotweinessig
schwarzen Pfeffer aus der Mühle
1/2 TL Dijonsenf
3 EL Olivenöl

Zum Garnieren:

1 Bund Basilikum

So wird's gemacht:

1. Den Wirsing putzen, vierteln und vom Strunk befreien. In sehr feine Streifen schneiden und für 6 Minuten in kochendes Salzwasser geben. In ein Sieb gießen und eiskalt abschrecken. Sehr gut abtropfen lassen.
2. Den Lachs in feine Streifen schneiden und mit dem Wirsing in eine Schüssel füllen. Die Schalotten schälen, fein hacken und unterheben.
3. Für die Marinade den Essig mit Salz verrühren, bis es sich aufgelöst hat. Pfeffer und Senf hinzufügen. Das Öl langsam dazufließen lassen. Dabei mit dem Schneebesen so lange schlagen, bis eine cremige Marinade entstanden ist.
4. Die Marinade über den Salat gießen, gut mischen und 10 Minuten zugedeckt ziehen lassen. Das Basilikum grob hacken und damit den Salat bestreuen.

Lauchsalat mit Weinbergschnecken

Sie benötigen für 4 Persoinen:

Für die Marinade:

1 große gehackte Möhre
1 gehackte Schalotte
2 gehackte Knoblauchzehen
Saft der Weinbergschnecken
1 TL Dijonsenf
Salz
schwarzen Pfeffer aus der Mühle
1 TL Sherryessig
3 EL Traubenkernöl
1 Bund gehackte Petersilie

Für den Salat:

1 Kopf Lollo Rosso
400 g Lauch ohne Grün
48 Weinbergschnecken (Dose)

So wird's gemacht:

1. Möhre und Schalotte in etwas Öl bei kleiner Hitze anbraten, Knoblauch dazugeben und kurz mitdünsten.
2. Den Schneckensaft mit Senf, Salz, Pfeffer, Essig und Öl verquirlen. Petersilie und die übrigen Zutaten darunterrühren.
3. Den Salat putzen, waschen und trockenschleudern. Den Lauch putzen, in Stücke schneiden und gründlich waschen. In kochendem Salzwasser 2 Minuten blanchieren. In Eiswasser abschrecken und abtropfen lassen.
4. Die Weinbergschnecken in feine Scheiben schneiden, mit dem Lauch und dem größten Teil der Marinade mischen. Den Lollo Rosso mit der restlichen Marinade anmachen, auf Tellern anrichten. In die Mitte den Lauchsalat setzen.

Lauchsalat mit Matjes

Sie benötigen für 4 Personen:

Für die Marinade:

500 g süße Sahne
Salz
Zucker
weißen Pfeffer aus der Mühle
2 EL Weißweinessig
4 EL Traubenkernöl

Für den Salat:

800 g Lauch
8 Matjesfilets

Zum Garnieren:

16 Kirschtomaten
einige Zweige glatte Petersilie

So wird's gemacht:

1. Die süße Sahne bei mittelgroßer Hitze auf die Hälfte reduzieren und würzen, Essig dazugeben und das Öl darunterschlagen.
2. Vom Lauch die Wurzeln und die äußeren Blätter entfernen, das harte Grün abschneiden, die Stangen in Stücke schneiden und gründlich waschen. In Salzwasser 2 Minuten blanchieren, in Eiswasser abschrecken und auf einem Sieb abtropfen lassen.
3. Die Matjesfilets in 2 Zentimeter große Stücke schneiden und mit dem Lauch in die Marinade geben.
4. Die Kirschtomaten waschen und halbieren. Petersilienblätter waschen und von den Stielen zupfen. Den Salat auf Tellern anrichten und mit den Kirschtomaten und der Petersilie garnieren.

Lauchsalat mit Tomatenschaum

Sie benötigen für 4 Persoenen:

Für den Tomatenschaum:

350 g Fleischtomaten (in Achteln)
Salz
schwarzen Pfeffer aus der Mühle
1 TL Zucker
4 Blätter Basilikum (in Streifen)
1/8 l Distelöl

Für den Salat:

500 g jungen Lauch
2 enthäutete Fleischtomaten
Schnitze von 2 Äpfeln
Saft von 1/2 Zitrone
Salz
weißen Pfeffer aus der Mühle
1 TL Balsamessig (Aceto balsamico)
1 EL Walnußöl
1 EL Distelöl

Zum Garnieren:

einige Basilikumblätter

So wird's gemacht:

1. Die Tomaten in einen Mixbecher geben und würzen, Basilikum dazugeben und 1 Minute mixen. Das Öl darunterschlagen und nochmals mixen. Durch ein Sieb streichen.
2. Den Lauch putzen, die äußeren Blätter und das harte Grün entfernen und in Stücke schneiden, 10 Minuten in kaltes Wasser legen, gut waschen und in sprudelndem Salzwasser 2 Minuten blanchieren. In Eiswasser abschrekken und abtropfen lassen.
3. Die Tomaten halbieren, entkernen und in Würfel schneiden.
4. Die Apfelschnitze mit Zitronensaft beträufeln.
5. Die gewürzten Zutaten mit Essig und Öl mischen, den Schaum auf Tellern verteilen, den Salat anrichten und mit Basilikumblättern garnieren.

Salat mit Austernpilzen

Sie benötigen für 4 Personen:

Für den Salat:

1 Knoblauchzehe
1 Zwiebel
2 EL kalt gepreßtes Olivenöl
250 g Austernpilze
etwas Weißwein
1 kleinen Kopf Radicchio
1 kleinen Kopf Friséesalat

Für die Salatsauce:

einige Tropfen Rotweinessig
einige Tropfen kalt gepreßtes Olivenöl
Meersalz
weißen Pfeffer aus der Mühle
100 g Crème fraîche
Saft von 1/2 Zitrone
frisch geriebene Muskatnuß
1/2 Bund Schnittlauch
1/2 Bund Petersilie

Zum Garnieren:

1 EL grob gehackte Walnüsse

So wird's gemacht:

1. Die Knoblauchzehe und die Zwiebel schälen, fein hacken und in Olivenöl andünsten.
2. Die Austernpilze verlesen, waschen, eventuell klein schneiden, zu den Zwiebeln geben und kurz mitschwitzen. Das Ganze mit Weißwein ablöschen und bei mäßiger Hitze 5 bis 10 Minuten dünsten.
3. Radicchio und Friséesalat putzen, waschen, trockenschleudern und in mundgerechte Stücke zerpflükken. Auf Tellern anrichten, mit Rotweinessig und Öl beträufeln, leicht salzen und pfeffern.
4. Die Crème fraîche unter die Pilze ziehen und bei starker Hitze zu einer sämigen Sauce verkochen. Mit Zitronensaft und Muskat abschmecken. Schnittlauch und Petersilie waschen, trockentupfen und fein hacken, dann unter die Pilze ziehen. Mit Meersalz und Pfeffer kräftig würzen und leicht abkühlen lassen.
5. Die Austernpilze in die Mitte des Salates setzen und das Ganze mit Walnüssen bestreuen.

Staudensellerie mit Hüttenkäse

Sie benötigen für 4 Personen:

Für die Salatsauce:

50 g Edelpilzkäse
200 g Hüttenkäse
100 g süße Sahne
2 – 3 EL Estragonessig
Honig
Meersalz
weißen Pfeffer aus der Mühle
Cayennepfeffer
frisch geriebenen Ingwer

Für den Salat:

400 g Staudensellerie
4 Tomaten
100 g frische Champignons
Saft von 1/2 Zitrone
1 Bund Zitronenmelisse

So wird's gemacht:

1. Für die Sauce den Edelpilzkäse mit der Gabel zerdrücken, den Hüttenkäse und die süße Sahne unterziehen. Nach Geschmack mit Estragonessig, Honig und Meersalz sowie den Kräutern kräftig würzen.
2. Den Staudensellerie putzen und in hauchdünne Scheiben schneiden. Die Tomaten waschen, den grünen Stielansatz entfernen, die Tomaten vierteln und in Würfel schneiden.
3. Die Champignons putzen, in Zitronenwasser kurz waschen, gut abtropfen lassen, in Scheiben schneiden und mit Zitronensaft beträufeln. Alle Zutaten mit der fein gehackten Zitronenmelisse und der Salatsauce mischen.

Räucherfischsalat

Sie benötigen für 4 Personen:

Für den Salat:

500 g festkochende Kartoffeln
Salz
4 Bananen
2 EL Zitronensaft
4 Schillerlocken (je 50 g)
125 g Kirschtomaten

Für die Salatsauce:

1 Becher Magermilchjoghurt (150 g)
75 g Salatcreme (Fertigprodukt)
50 g frischen Meerrettich
weißen Pfeffer aus der Mühle

So wird's gemacht:

1. Die Kartoffeln waschen, in Salzwasser garen, abgießen, schälen und in Würfel schneiden.
2. Die Bananen schälen und in Scheiben schneiden, diese mit Zitronensaft beträufeln, damit sie nicht braun werden. Die Schillerlocken in Scheiben schneiden.
3. Die Kirschtomaten halbieren und mit den anderen Salatzutaten vorsichtig mischen.
4. Für die Sauce den Joghurt und die Salatcreme verrühren. Den Meerrettich schälen und fein reiben, zur Sauce dazugeben. Diese mit Salz und Pfeffer nach Geschmack würzen. Die Sauce vorsichtig mit den Salatzutaten mischen.

Kartoffel-Äpfel-Salat

Sie benötigen für 4 Personen:

Für die Marinade:

8 EL Sherryessig
schwarzen Pfeffer aus der Mühle
8 EL Sojaöl

Für den Salat:

1 kg festkochende Kartoffeln
Salz
2 säuerliche Äpfel (Boskop)
2 Gläser eingelegte
Rote-Bete-Kugeln
(je 350 g Gemüseeinwaage)
5 Gewürzgurken

So wird's gemacht:

1. Für die Marinade den Essig mit Salz und Pfeffer verrühren, dann das Öl unterschlagen.
2. Die Kartoffeln waschen, in Salzwasser garen, abgießen, schälen und in Scheiben schneiden. Über die noch warmen Kartoffelscheiben die Marinade gießen.
3. Die Äpfel schälen, entkernen und würfeln. Die Rote-Bete-Kugeln abtropfen lassen und vierteln. Die Gewürzgurken in Scheiben schneiden.
4. Alle Zutaten vorsichtig mit den Kartoffeln mischen und den Salat vor dem Servieren etwa 1 Stunde durchziehen lassen.

Scampi-Spinat-Salat

Sie benötigen für 4 Personen:

Für die Salatsauce:

1 Becher Knoblauch-Crème-fraîche
100 g süße Sahne
Salz
weißen Pfeffer aus der Mühle
Zitronensaft

Für den Salat:

750 g festkochende Kartoffeln
Salz
150 g frischen Spinat
250 g Kirschtomaten
250 g gekochte Scampi

So wird's gemacht:

1. Für die Sauce die Crème fraîche mit der Sahne verrühren, mit Salz, Pfeffer und Zitronensaft nach Geschmack würzen.
2. Die Kartoffeln waschen, in Salzwasser garen, abgießen, schälen und in Streifen schneiden. Den Spinat verlesen, gründlich waschen und im Mixer pürieren. Die Salatsauce mit dem pürierten Spinat verrühren.
3. Die Tomaten halbieren, mit den Scampi und den Kartoffeln mischen. Zum Schluß die Salatsauce unterheben.

Gurken-Apfel-Salat

Sie benötigen für 4 Personen:

Für die Marinade:
250 g Sahne
2 TL Apfelmostessig
Salz
Zucker
weißen Pfeffer aus der Mühle

Für den Salat:
1 große Salatgurke
1 grünen Apfel
18 Pfefferminzblätter
1 Bund Schnittlauch

Zum Garnieren:
1 Kopfsalat

So wird's gemacht:

1. Die Sahne mit dem Essig halb steif schlagen, dann mit den Gewürzen abschmecken.
2. Die Gurke schälen, halbieren und entkernen, in kleine Würfel schneiden. Diese leicht salzen und 5 Minuten stehen lassen. Anschließend vorsichtig mit den Händen ausdrücken und in die Marinade geben.
3. Den Apfel schälen, entkernen, in kleine Würfel schneiden und unter die Gurken heben.
4. 6 Blätter Pfefferminze waschen, trockentupfen, in feine Streifen schneiden. Den Schnittlauch ebenfalls waschen, trockentupfen, fein schneiden und mit den Pfefferminzstreifen unter die Gurken heben.
5. Den Kopfsalat putzen, den Strunk abschneiden und die Außenblätter entfernen. Den Kopf zerteilen, die Blätter waschen und abtropfen lassen.
6. Den Kopfsalat auf mittelgroßen Tellern auslegen, den Gurkensalat darauf anrichten und mit den restlichen Pfefferminzblättern garnieren.

Gurkensalat mit Ingwer

Sie benötigen für 4 Personen:

Für die Marinade:
5 g frische Ingwerwurzel
1 Knoblauchzehe
4 EL Weißweinessig
1 TL Honig
2 EL Sesamöl
4 EL Traubenkernöl
Salz
Pfeffer aus der Mühle

Für den Salat:
1 große Salatgurke
1/2 TL Salz
2 grüne Äpfel
Saft von 1 Zitrone
300 g Sojabohnenkeimlinge

Zum Garnieren:
1 Tasse Borretschblüten

So wird's gemacht:

1. Die Ingwerwurzel und die Knoblauchzehe schälen, fein hacken und mit dem Messerrücken zerdrücken. In eine Porzellanschüssel füllen. Den Essig, den Honig und das Öl hinzugeben, mit dem Schneebesen verrühren und die Marinade mit Salz und Pfeffer abschmecken.
2. Die Gurke waschen, schälen, halbieren, entkernen und in feine Würfel schneiden. Die Würfel mit dem Salz mischen und etwa 20 Minuten ziehen lassen. Anschließend die Gurken abtropfen lassen und mit einem Küchenpapier trockentupfen.
3. Die Äpfel waschen, schälen, halbieren, entkernen und in feine Würfel schneiden. Diese mit dem Zitronensaft beträufeln.
4. Die Sojabohnenkeimlinge in kaltem Wasser waschen, abtropfen lassen und mit einem Küchenpapier trockentupfen.
5. Alle Salatzutaten in eine Schüssel füllen und mit der Marinade mischen.
6. Den Salat auf mittelgroßen Tellern anrichten. Die Borretschblüten mit kaltem Wasser waschen, auf einem Küchenpapier trocknen und den Salat damit garnieren.

Zucchinisalat

Sie benötigen für 4 Personen:

Für die Salatsauce:

Kräutersalz
1 TL Senf
1 – 2 TL Obstessig
1/2 Zwiebel
1 Knoblauchzehe
einige Zweige frisches Basilikum
frischen Oregano
Pfeffer aus der Mühle
2 EL kalt gepreßtes Sonnenblumenöl

Für den Salat:

2 große Zucchini
einige Radicchioblätter
1/2 rote Paprikaschote

So wird's gemacht:

1. Für die Sauce das Kräutersalz und den Senf in eine Schüssel geben, mit dem Obstessig so lange verrühren, bis sich das Salz aufgelöst hat.
2. Die Zwiebel und den Knoblauch schälen. Die Zwiebel fein würfeln, den Knoblauch zerdrücken. Beides mit den fein gehackten Kräutern in die Sauce geben. Mit Pfeffer abschmecken und das Öl unterrühren.
3. Die Zucchini putzen, waschen, in dünne Scheiben schneiden und mit der Salatsauce mischen.
4. Den Salat auf den gewaschenen, abgetropften Radicchioblättern anrichten und mit der in dünne Streifen geschnittenen Paprikaschote garnieren.

Buchweizen-Mais-Salat

Sie benötigen für 4 Personen:

Für das Dressing:

3 EL Balsamessig (Aceto balsamico)
1 TL Limonensaft
10 EL Distelöl
2 EL Geflügelfond (S. 20)
Salz
Pfeffer aus der Mühle

Für den Salat:

4 Maiskolben
Salz
1 Bund Schnittlauch
2 hartgekochte Eier
80 g Feldsalat
50 g Buchweizen (geschrotet)

So wird's gemacht:

1. Das Dressing aus Balsamessig, Limonensaft, Distelöl und Geflügelfond zubereiten, mit Salz und Pfeffer nach Geschmack würzen.
2. Mit einem scharfen Messer die Körner von den Maiskolben lösen. Diese etwa 6 Minuten in leicht gesalzenem Wasser bißfest kochen und anschließend in leicht gesalzenem Eiswasser abschrecken, gut abtropfen lassen und mit Küchenpapier trockentupfen.
3. Den Schnittlauch waschen, trockentupfen und in feine Ringe schneiden. Die Eier schälen und achteln.
4. Den Feldsalat waschen, mit Küchenpapier trockentupfen und auf flache Teller verteilen. Das Dressing mit einem Pinsel auf die Blätter streichen.
5. Den Mais und den Buchweizen mit dem restlichen Dressing vermischen und in die Mitte auf den Feldsalat setzen.
6. Den Maissalat mit Schnittlauchringen bestreuen und mit den Eiern garniert servieren.

Okra-Zucchini-Salat

Sie benötigen für 4 Personen:

Für die Marinade:

1 Fleischtomate in Vierteln
Salz
weißen Pfeffer aus der Mühle
2 EL Balsamessig (Aceto balsamico)
2 EL kalt gepreßtes Olivenöl
2 EL Traubenkernöl
8 Blättchen Oregano
1 Knoblauchzehe

Für den Salat:

300 g Okraschoten
300 g Zucchini
1/8 l kalt gepreßtes Olivenöl
1 kleinen Kopf Eisbergsalat
1 kleine Stange Weißbrot
1 kleines Glas grünes Olivenpüree
einige Blätter Basilikum

So wird's gemacht:

1. Die Tomate waschen, mit Salz und Pfeffer würzen und mit Essig mixen. Öl und Oregano dazugeben, glatt pürieren, dann durchpassieren. Die Knoblauchzehe schälen, hacken und dazugeben.
2. Die Okraschoten waschen und halbieren. Zucchini waschen, in Stücke und in Stifte schneiden.
3. Das Olivenöl erhitzen. Zuerst die Okraschoten etwa 1 1/2 Minuten darin dünsten, abtropfen lassen. Nun die Zucchinistücke dünsten.
4. Den Eisbergsalat putzen, Außenblätter entfernen, in feine Streifen schneiden, waschen, trockenschleudern und zur Marinade geben, vorsichtig wenden.
5. Das Weißbrot in dünne Scheiben schneiden, mit Olivenpüree bestreichen und im vorgeheizten Backofen bei höchster Stufe überbacken. Den Salat auf großen Tellern anrichten, die Croûtons ringsherum verteilen und mit den gewaschenen Basilikumblättchen garnieren.

Melonencocktail

Sie benötigen für 4 Personen:

Für den Cocktail:

1/2 kleine Wassermelone
1 kleine Cantaloupmelone (ca.650 g)
4 Hähnchenbrustfilets (je 125 g)
Edelsüßes Paprikapulver
1 EL Butterschmalz
1 kleinen Kopfsalat

Für das Dressing:

Melonensaft
1 EL Honig
2 EL Tomatenmark
80 ml Weißwein
Salz
weißen Pfeffer aus der Mühle
5 – 10 Tropfen Tabasco
edelsüßes Paprikapulver

So wird's gemacht:

1. Die Melonen über Nacht in den Kühlschrank legen.
2. Aus dem Fruchtfleisch der Wassermelone die Kerne entfernen und mit einem Kartoffelausstecher kleine Kugeln herauslösen. Die Kugeln in ein Sieb geben, den abtropfenden Saft auffangen.
3. Die Cantaloupmelone vierteln und entkernen. Die Viertel mit der Schale längs in dünne Spalten schneiden. Ebenfalls den abtropfenden Saft auffangen.
4. Die Hähnchenfilets kurz unter fließendem Wasser waschen, trockentupfen und mit Paprika einreiben. Das Butterschmalz in einer Pfanne erhitzen und die Filets darin von jeder Seite 2 Minuten braten, anschließend salzen, pfeffern und abkühlen lassen.
5. Den Salat putzen, waschen, trockenschleudern und in mundgerechte Stücke zupfen. Die Hähnchenfilets schräg in dünne Scheiben schneiden.
6. Für das Dressing den Melonensaft mit Honig und Tomatenmark verquirlen. Das Dressing mit Weißwein auf 100 Milliliter auffüllen, mit Salz, Pfeffer, etwas Tabasco und Paprika kräftig würzen.
7. Die Salatblätter auf vier Tellern verteilen, die Melonenkugeln und -schnitze daraufgeben und die Filetscheiben darüberlegen. Zuletzt das Dressing über den Cocktail träufeln.

Palmherzencocktail

Sie benötigen für 4 Personen:

Für den Cocktail:

75 g Cashewkerne
6 Wachteleier
430 g Palmherzen (Dose)
100 g Kirschtomaten
250 g kleine, feste Champignons

Für das Dressing:

1 Knoblauchzehe
3 Bund glatte Petersilie
4 EL Balsamessig (Aceto balsamico)
6 EL Olivenöl
Salz
schwarzen Pfeffer aus der Mühle

So wird's gemacht:

1. Die Cashewkerne hacken und in einer trockenen Pfanne rösten.
2. Die Wachteleier etwa 6 Minuten hart kochen, mit kaltem Wasser abschrecken, dann schälen und halbieren.
3. Die Palmherzen abtropfen lassen und in Scheiben schneiden. Die Kirschtomaten waschen, die Champignons putzen, mit einem feuchten Tuch abreiben.
4. Für das Dressing die Knoblauchzehe schälen, von der Petersilie einige Blätter beiseite legen. Den Knoblauch mit der Petersilie pürieren, mit Essig und Öl verrühren und das Dressing mit Salz und Pfeffer abschmecken.
5. Die Palmherzen, Tomaten und Champignons vierteln und mit den Eihälften anrichten. Mit dem Dressing beträufeln und mit der Petersilie bestreuen.

Sommerlicher Salatteller

Sie benötigen für 4 Personen:

Für das Dressing:

Kräutersalz
2 EL Obstessig
etwas Honig
gemahlenen Koriander
gemahlenen Kümmel
4 EL Öl

Für den Salat:

1 Kopfsalat
8 Radieschen
2 Möhren
4 EL Maiskörner (Dose)

Zum Garnieren:

1/2 Bund Kresse

So wird's gemacht:

1. Für das Dressing das Kräutersalz in eine Schüssel geben und so lange mit dem Obstessig verrühren, bis es sich aufgelöst hat. Dann nach Geschmack mit Honig, Koriander und Kümmel pikant abschmecken. Das Öl langsam darunterschlagen.
2. Den Salat verlesen, waschen und auf einem Sieb abtropfen lassen oder trockenschleudern. Die Blätter auf einer Platte verteilen.
3. Die Radieschen und die Möhren putzen und waschen. Die Radieschen in Scheiben schneiden, die Möhren grob raspeln und das Ganze mit den abgetropften Maiskörnern mischen.
4. Die Salatzutaten mit dem Dressing vermengen und über die Kopfsalatblätter geben.
5. Die Kresse waschen, mit Küchenpapier trockentupfen und den Salat damit garnieren.

Spinatsalat mit Lachsrouladen

Sie benötigen für 4 Personen:

Für das Dressing:

2 EL Sherryessig
1 EL Weinessig
1/2 TL Senfpulver
Salz
1 Prise geriebene Muskatnuß
3 EL Distelöl

Für den Salat:

12 schwarze Pfefferkörner
8 Korianderkörner
1/4 TL Dillsamen
50 g weiche Butter
4 dünne Scheiben Räucherlachs
2 Fleischtomaten

2 Schalotten
250 g junge, kleine Spinatblätter
2 EL Walnußöl
20 Haselnüsse

So wird's gemacht:

1. Für das Dressing den Sherry- und den Weinessig mit Senfpulver, Salz und Muskatnuß verrühren, dann das Distelöl hinzufügen.
2. Die Pfeffer- und Korianderkörner sowie den Dillsamen in einem Mörser fein zerstoßen. Die Butter schaumig rühren und mit den Gewürzen mischen.
3. Die Lachsscheiben jeweils auf ein Stück Alufolie legen und mit der Gewürzbutter bestreichen. Mit Hilfe der Folie von der schmalen Seite her so fest wie möglich zusammenrollen und für 1 bis 2 Stunden in den Kühlschrank legen.
4. Die Tomaten mit kochendem Wasser überbrühen, häuten, vierteln, entkernen und von den grünen Stengelansätzen befreien. Das Fruchtfleisch fein würfeln.
5. Die Schalotten schälen und sehr fein würfeln. Den Spinat verlesen, waschen, trockenschleudern und die Stiele abschneiden. Den Spinat, die Tomaten- und die Schalottenwürfel im Dressing wenden und ziehen lassen.
6. Die Lachsrouladen aus dem Kühlschrank nehmen, auswickeln und in knapp 1 Zentimeter breite Scheiben schneiden.
7. Den Salat aus dem Dressing nehmen, dabei etwas abtropfen lassen und auf 4 Teller verteilen. Mit dem Walnußöl beträufeln und mit den Lachsscheiben garnieren. Die Haselnüsse blättrig schneiden und das Ganze damit bestreuen.

Schlemmer-salate

Moderne Salate bezaubern durch die unbegrenzten Variations- und Kombinationsmöglichkeiten. Wurst, Fleisch und Geflügel, Fisch, Muscheln und Krabben, Nudeln, Reis, Kartoffeln und Hülsenfrüchte, Eier, Käse und Gemüse sind die Grundzutaten für Schlemmersalate, die sehr wohl Sattmacher sein können, ohne deshalb zu Dickmachern zu avancieren.

Mango-Couscous-Salat

Sie benötigen für 4 Personen:

Für die Marinade:

3 EL Öl
1 TL Balsamessig (Aceto balsamico)
Salz
schwarzen Pfeffer aus der Mühle
1 Prise Zucker
frisch geriebene Muskatnuß
1 Messerspitze Cayennepfeffer

Für den Salat:

2 Zitronen
200 g Couscousgrieß
1 große Fleischtomate
2 Mangos
2 ausglöste Hühnerbrüstchen
1 EL Butter, 1 EL Öl

So wird's gemacht:

1. Aus Öl, Balsamessig, Salz, Pfeffer, Zucker, etwas Muskatnuß und Cayennepfeffer mit dem Schneebesen eine cremige Marinade rühren.
2. Für den Salat die Zitronen auspressen und den Saft mit 1/4 Liter Wasser über den Couscousgrieß gießen. 1/2 Stunde quellen lassen. Die nach der Quellzeit noch übrige Flüssigkeit abgießen.
3. Die Tomate überbrühen, eiskalt abschrecken und die Haut abziehen. Quer zum Stengelansatz halbieren und entkernen. Das Fruchtfleisch klein würfeln. Die Mangos schälen, halbieren und entkernen. Das Fruchtfleisch in mundgerechte Stücke schneiden.
4. Die Marinade über den Couscousgrieß gießen. Die Petersilie abbrausen, von den Stengeln zupfen und grob hacken. Mit Tomatenwürfeln und Mangostückchen unter den Couscousgrieß mischen.
5. Die Hühnerbrüstchen in der heißen Butter-Öl-Mischung rundum kräftig anbraten. Dann bei milder Hitze zugedeckt 10 Minuten ziehen lassen. Nach Geschmack salzen, pfeffern und quer zur Faser in schmale Scheiben schneiden.
6. Den Mango-Couscous-Salat auf vier Tellern verteilen. Kurz vor dem Servieren die noch warmen Hühnerbrustscheiben fächerartig im Halbkreis um den Salat legen.

Chicoréesalat mit Roastbeef

Sie benötigen für 4 Personen:

Für den Salat:

4 Stauden Chicorée (je 100 g)
350 g Roastbeef in Scheiben
100 g Champignons
Zitronensaft
1 großen säuerlichen Apfel (Boskop)
1 Bund glatte Petersilie

Für die Salatsauce:

1 Becher Joghurt ohne Geschmack
3 EL Weinessig
1 TL Senf
3 EL Olivenöl
Salz
Pfeffer

So wird's gemacht:

1. Beim Chicorée den bitteren Strunk kegelförmig herausschneiden, die äußeren Blätter entfernen. Die Stauden quer in schmale Streifen schneiden, waschen und zum Abtropfen in ein Sieb geben.
2. Das Roastbeef in schmale Streifen schneiden. Die Champignons putzen, kurz abbrausen und blättrig schneiden. Sofort mit Zitronensaft beträufeln, damit sich die Pilze nicht dunkel verfärben.
3. Den Apfel schälen, achteln und vom Kerngehäuse befreien. Die Schnitze in Scheiben schneiden und ebenfalls mit Zitronensaft beträufeln, damit das Fruchtfleisch hell bleibt. Mit dem Chicorée, dem Roastbeef und den Champignons in eine Schüssel füllen.
4. Die Petersilie waschen, die Blättchen von den Stengeln zupfen und zum Salat geben.
5. Für die Sauce den Joghurt, den Essig, den Senf und das Olivenöl mit dem Schneebesen cremig verrühren. Nach Geschmack mit Salz und Pfeffer würzen. Vor dem Servieren die Sauce über den Salat gießen und gründlich durchmischen.

Schinken-Nudel-Salat mit Käse

Sie benötigen für 4 Personen:

200 g Roggennudeln
Öl
125 g rohen Schinken
125 g Emmentaler-Käse
1 kleine Zwiebel
Salz
Pfeffer aus der Mühle
Essig

So wird's gemacht:

1. Die Roggennudeln in reichlich Salzwasser bißfest kochen, abgießen, abschrecken und mit etwas Öl vermischen.
2. Den Schinken und den Emmentaler in dünne Streifen schneiden und in eine Schüssel geben.
3. Die Zwiebel schälen, halbieren, zuerst in Streifen und dann in feine Würfel schneiden.
4. Alle Zutaten in eine Schüssel geben, nach Geschmack mit Salz und Pfeffer würzen, zuletzt nach Geschmack Essig und Öl darübergießen und unterheben.

Grüner Kräutersalat

Sie benötigen für 4 Personen:

Für die Salatsauce:

1 Bund gemischte Kräuter der Saison

100 g Crème fraîche

50 ml süße Sahne

1 EL Öl

Zitronensaft

Salz

Pfeffer

Für den Salat:

200 g dünne Bandnudeln

etwas Öl

1 kleinen Lollo Rosso

1 kleinen Eichblattsalat

So wird's gemacht:

1. Die Kräuter abbrausen, mit Küchenpapier trockentupfen und fein schneiden. Für die Sauce 2/3 der Kräutermenge mit Crème fraîche, Sahne und etwas Öl vermischen. Nach Geschmack mit Zitronensaft, Salz und Pfeffer würzen.
2. Die Nudeln in Salzwasser bißfest kochen, abgießen, abschrecken und mit etwas Öl vermischen. Die restlichen Kräuter mit den Nudeln vermischen und mit Salz und Pfeffer abschmecken.
3. Lollo Rosso und Eichblattsalat putzen, waschen und trockenschleudern. Die Salatblätter in mundgerechte Stücke teilen. Die Nudeln auf Tellern verteilen, in die Mitte einige Salatblätter geben und die Sauce in den Blättern anrichten.

Nudelsalat mit Meeresfrüchten

Für die Salatsauce:

2 hartgekochte Eigelb
1 rohes Eigelb
3 EL Kräuteressig
3 EL Olivenöl
1/8 l süße Sahne
2 Knoblauchzehen
Salz
schwarzen Pfeffer aus der Mühle

Für den Salat:

250 g Nudeln
1 kg Venusmuscheln mit Schale
1 kg Miesmuscheln
1 Bund Suppengrün
2 Zwiebeln
1 Bund Petersilie
1/2 l trockenen Weißwein
250 g tiefgekühlte Tintenfische
2 große Salbeiblätter
1 Stengel Rosmarin
1/4 TL Thymianblättchen
1/4 l Tomatensaft
100 g Garnelen
1/2 Bund Basilikum
1 EL kleine Kapern

So wird's gemacht:

1. Für die Sauce die hartgekochten Eigelbe durch ein Sieb streichen, das rohe Eigelb damit vermischen, Essig, Öl und Sahne hinzufügen und cremig verrühren. Die geschälten, durch die Presse gedrückten Knoblauchzehen dazugeben und nach Geschmack mit Salz und Pfeffer würzen.
2. Die Nudeln in sprudelndem Salzwasser kochen und abtropfen lassen. Die Venus- und die Miesmuscheln unter fließendem Wasser abbürsten. Muscheln, die schon geöffnet sind, wegwerfen.
3. Das Suppengrün waschen, putzen und grob hacken. Die Zwiebeln schälen, achteln. Petersilie abspülen. Alles mit dem Wein in einem großen Topf zum Kochen bringen. Die Muscheln hinzufügen, im geschlossenen Topf 10 Minuten kochen, dann abgießen. Geschlossene Muscheln nun ebenfalls entfernen. Aus den übrigen das Muschelfleisch herauslösen.
4. Die aufgetauten Tintenfische abspülen und in mundgerechte Stücke schneiden. Salbei, Rosmarin und frischen Thymian abspülen. Zusammen mit den Tintenfischen in den Tomatensaft geben und diesen aufkochen. Die Tintenfische zugedeckt 15 Minuten schmoren lassen. Dann den Saft abgießen. Die Garnelen kurz kalt abspülen und gut abtropfen lassen.
5. Alle Salatzutaten mit der Sauce vermischen. Das Basilikum abspülen, trockentupfen und die Blättchen von den Stielen zupfen. Den Salat damit und mit den Kapern bestreuen.

Amerikanischer Nudelsalat

Sie benötigen für 4 Personen:

250 g gekochte Nudeln
200 g süße Maiskörner (Dose)
200 g Frühstücksspeck
1 Bund Radieschen
1/2 Salatgurke
4 hartgekochte Eier

Für das Dressing:

Thousand-Islands-Dressing (S. 20)

So wird's gemacht:

1. Die gekochten Nudeln mit den Maiskörnern (vorher abtropfen lassen), dem fein geschnittenen Frühstücksspeck, den in Scheiben geschnittenen Radieschen, der gewürfelten Salatgurke und den gehackten Eiern mischen.
2. Den Salat mit Thousand-Islands-Dressing anrichten.

Nudelsalat mit Thunfisch

Sie benötigen für 4 Personen:

Für den Salat:

250 g gekochte Bandnudeln
1 Dose Thunfisch
1 Bund gehackte Petersilie
2 Stengel Bleichsellerie mit Grün
1 Fenchelknolle mit Grün
1 geraspelte Möhre
2 Tomaten
2 EL Kapern

Für das Dressing:

Vinaigrette (S. 20)

So wird's gemacht:

1. Die Bandnudeln mit dem abgetropften, zerpflückten Thunfischfleisch mischen. Dazu die Petersilie, die in Scheiben geschnittene Bleichsellerie, die gehackten Sellerieblätter, die feingewürfelte Fenchelknolle mit dem feingeschnittenen Grün, die Möhre, die abgezogenen und feingewürfelten Tomaten und die Kapern geben.
2. Die Salatzutaten mit der klassischen Vinaigrette mischen.

Inkasalat mit Trauben

Sie benötigen für 4 Personen:

1/4 l Gemüsebrühe
125 g Quinoakörner
150 g grüne Weintrauben
150 g blaue Weintrauben
100 g Emmentaler am Stück
4 Frühlingszwiebeln
4 EL Öl
4 EL Balsamessig (Aceto balsamico)
schwarzen Pfeffer aus der Mühle
gemahlenen Koriander
Salz

So wird's gemacht:

1. Die Gemüsebrühe in einem Topf aufkochen lassen. Die Quinoakörner einstreuen und zugedeckt bei sehr milder Hitze 1/4 Stunde quellen lassen.
2. Inzwischen die Weintrauben waschen, halbieren und mit einem Messer entkernen.
3. Den Emmentaler 1/2 Zentimeter groß würfeln. Die Frühlingszwiebeln putzen, waschen und in sehr feine Ringe schneiden.
4. Die Quinoakörner in eine Schüssel umfüllen, mit dem Öl und dem Essig mischen. Die Trauben, den Käse und die Frühlingszwiebeln daruntergeben.
5. Den Salat mit Pfeffer, Koriander und einer Prise Salz abschmekken und zugedeckt durchziehen lassen.

Tip:

Quinoakörner, das sogenannte Inkagetreide, sind in Naturkostläden und Reformhäusern erhältlich. Wichtig ist, daß Sie die Körner nicht kochen, sondern lediglich zugedeckt 15 Minuten quellen lassen.

Buchweizen-Petersilien-Salat

Sie benötigen für 4 Personen:

Für die Marinade:

3 Bund glatte Petersilie
8 EL Balsamessig (Aceto balsamico)
Salz
schwarzen Pfeffer aus der Mühle
1/2 TL gemahlenen Kreuzkümmel
8 EL Olivenöl

Für den Salat:

300 ml Hühnerbrühe
200 g Buchweizen
4 kleine feste Tomaten
Salz
Pfeffer aus der Mühle

So wird's gemacht:

1. Die Petersilie waschen, die Blättchen abzupfen und fein hacken. Den Essig mit dem Kreuzkümmel verrühren, mit Salz und Pfeffer nach Geschmack würzen, das Öl kräftig darunterschlagen, dann die Petersilie damit vermischen.
2. Die Brühe zusammen mit dem Buchweizen in einem Topf aufkochen lassen. Den Buchweizen zugedeckt bei schwacher Hitze etwa 1/4 Stunde bißfest garen.
3. Die Tomaten waschen, die Stengelansätze herausschneiden. Die Tomaten grob würfeln, eventuell die Kerne entfernen.
4. Den Buchweizen abtropfen lassen, mit der Petersilienmarinade und den Tomaten mischen. Mit Salz und Pfeffer nach Geschmack würzen, zugedeckt durchziehen lassen.

Tip:

Für die Sprossenzucht kann man auch geschälten Buchweizen verwenden, allerdings muß unbedingt auf die Keimfähigkeit geachtet werden. Verwendet man ungeschälten Buchweizen, so müssen die nicht eßbaren Hülsen entfernt werden. Hierzu gibt man die Sprossen am besten in eine Schüssel mit Wasser und schöpft die oben schwimmenden Sprossen ab.

Kartoffel-Rotwurst-Salat

Sie benötigen für 4 Personen:

Für den Salat:

400 g festkochende Kartoffeln
Salz
1 TL Kümmel
250 g grobe, schnittfeste Rotwurst am Stück
3 EL Öl

Für die Marinade:

1 EL Majoranblättchen
100 ml Gemüsebrühe
3 EL Weinessig
1 EL mittelscharfen Senf
125 g Gewürzgurken

So wird's gemacht:

1. Die Kartoffeln zusammen mit dem Kümmel als Pellkartoffeln in Salzwasser garen, abgießen, etwas abkühlen lassen, schälen und 1 bis 2 Zentimeter groß würfeln.
2. Die Rotwurst 1 bis 2 Zentimeter groß würfeln. Das Öl in einer Pfanne erhitzen und die Wurst kurz darin schwenken. Die Wurst aus der Pfanne nehmen.
3. Die Majoranblättchen in die Pfanne geben, mit der Brühe und dem Essig ablöschen. Alles vom Herd nehmen und den Senf mit einem Schneebesen darunterschlagen. Die Gewürzgurken kleinwürfeln und in die Marinade geben.
4. Die Kartoffelwürfel mit der Rotwurst und der Marinade mischen. Zugedeckt durchziehen lassen.

Kartoffelsalat mit Schillerlocken

Sie benötigen für 4 Personen:

Für den Salat:

500 g festkochende Kartoffeln
Salz
1/2 Salatgurke (ca. 300 g)
3 mittelgroße Schillerlocken (ca. 200 g)

Für das Dressing:

150 g Magermilchjoghurt
1 EL Salatmayonnaise
2 – 3 EL Zitronensaft
2 EL Olivenöl
2 Bund Dill

So wird's gemacht:

1. Die Kartoffeln als Pellkartoffeln in Salzwasser garen, abgießen, schälen, auskühlen lassen und in Scheiben schneiden.
2. Die Gurke waschen oder schälen, längs halbieren und die Kerne mit einem Löffel herauskratzen. Die Gurkenhälften in Scheiben schneiden.
3. Die Schillerlocken schräg in dünne Scheiben schneiden.
4. Für das Dressing den Jogurt mit Mayonnaise, Zitronensaft und Olivenöl verrühren. Den Dill waschen, fein hacken und unter das Dressing geben.
5. Die Salatzutaten mit dem Dressing mischen und den Salat zugedeckt durchziehen lassen.

Lauchsalat mit Wienerle

Sie benötigen für 4 Personen:

4 mittelgroße Stangen Lauch (ca. 750 g)
150 g durchwachsenen Räucherspeck
4 EL Öl
Salz
schwarzen Pfeffer aus der Mühle
4 EL Weinessig
4 Wiener Würstchen

So wird's gemacht:

1. Den Lauch putzen, aufschlitzen und gründlich waschen. Die Stangen in 1/2 Zentimeter breite Ringe schneiden.
2. Den Speck kleinwürfeln, zusammen mit dem Öl in eine große Pfanne geben und darin so lange ausbraten, bis er knusprig ist. Den Lauch und etwa 4 Eßlöffel Wasser dazugeben. Alles mit Salz und Pfeffer nach Geschmack würzen, verrühren und zugedeckt 4 bis 5 Minuten dünsten.
3. Die Pfanne vom Herd nehmen und den Essig in die Lauchmischung einrühren.
4. Die Wiener Würstchen schräg in 1/2 Zentimeter breite Scheiben schneiden und daruntermischen. Den Salat abschmecken und zugedeckt durchziehen lassen.

Eier-Chicorée-Salat

Sie benötigen für 4 Personen:

Für den Salat:

8 Eier
500 g Chicorée
3 Kästchen Kresse

Für die Marinade:

5 EL Weißweinessig
5 EL Öl
2 TL scharfen Senf
Salz
weißen Pfeffer aus der Mühle

So wird's gemacht:

1. Die Eier hartkochen, kalt abschrecken und schälen.
2. Den Chicorée längs halbieren und waschen. Am unteren Ende den bitteren Kern herausschneiden, dann die Stauden quer in fingerbreite Streifen schneiden.
3. Die Eier mit dem Eierschneider einmal längs und dann einmal quer durchschneiden, so daß kleine Würfel entstehen (wer keinen Eierschneider hat, kann sie auch grob hacken). Die Chicoréestreifen und die Eierwürfel zusammen in eine Schüssel geben.
4. Die Kresse abbrausen, mit der Küchenschere über der Salatschüssel die Blättchen abschneiden.
5. Für die Marinade Essig, Öl und Senf verrühren und nach Geschmack mit Salz und Pfeffer würzen. Die Marinade über den Salat gießen und gründlich durchmischen.

Kartoffel-Eier-Salat

Sie benötigen für 4 Personen:

Für den Salat:

600 g neue Kartoffeln
Salz
4 Eier

Für die Kräutersauce:

2 Bund Petersilie
2 Bund Schnittlauch
3 Schalotten
2 Becher Joghurt ohne Geschmack
Salz
weißen Pfeffer aus der Mühle
etwas Zitronensaft
1 Prise edelsüßes Paprikapulver

So wird's gemacht:

1. Die Kartoffeln waschen und in Salzwasser 20 bis 30 Minuten garen, schälen und noch warm in dünne Scheiben schneiden.
2. Die Eier 10 Minuten hartkochen, abgießen, kalt abschrecken, schälen, auskühlen lassen und vierteln.
3. Für die Sauce die Kräuter gründlich waschen und mit Küchenpapier abtrocknen. Die Schalotten schälen, Kräuter und Schalotten sehr fein hacken. Den Joghurt mit einer Gabel schlagen und nach Geschmack mit Salz und Pfeffer würzen. Die gehackten Kräuter und Schalotten unterrühren. Die Sauce mit Zitronensaft und Paprika abschmecken.
4. Die Kartoffeln mit den Eivierteln in eine Schüssel geben und die Kräutersauce daruntermischen.

Pikanter Kartoffelsalat

Sie benötigen für 4 Personen:

Für die Marinade:

1 kleine Zwiebel

1 EL Senf

2 – 3 EL Kräuteressig

100 ml heiße Gemüsebrühe

Für den Salat:

800 g festkochende Kartoffeln

Salz

Kräutersalz

Pfeffer aus der Mühle

$^{1}/_{4}$ Salatgurke

2 Radieschen

1 Tomate

4 EL kalt gepreßtes Sonnenblumenöl

1 Bund frische Kräuter der Saison

So wird's gemacht:

1. Für die Marinade die Zwiebel schälen und in Würfel schneiden. Mit dem Senf, dem Kräuteressig und der Gemüsebrühe mischen.
2. Die Kartoffeln unter fließendem Wasser abbürsten und in wenig Salzwasser 20 bis 30 Minuten gar kochen. Das Kartoffelwasser abgießen, die Kartoffeln noch heiß schälen, in Scheiben schneiden, mit der Salatmarinade mischen und nach Geschmack mit Kräutersalz und Pfeffer würzen.
3. Die Salatgurke, die Radieschen und die Tomate waschen, die Gurke und die Radieschen in Scheiben schneiden, den grünen Stielansatz der Tomate herausschneiden und die Tomate achteln.
4. Das Gemüse unter den Salat heben, das Öl untermischen und den Salat mit den fein gehackten Kräutern bestreuen.

Tomaten-Gurken-Salat

Sie benötigen für 4 Personen:

Für die Salatsauce:

Meersalz
2 EL Obstessig
4 EL kalt gepreßtes Sonnenblumenöl
2 Knoblauchzehen
1/2 Bund frische Kräuter der Saison
Pfeffer aus der Mühle

Für den Salat:

1 Maiskolben
4 Tomaten
1 Salatgurke
1 Zwiebel

So wird's gemacht:

1. Für die Sauce etwas Meersalz in eine Schüssel geben, mit dem Obstessig so lange verrühren, bis sich das Salz aufgelöst hat, das Öl dazugeben. Die Knoblauchzehen schälen und fein hacken, die Kräuter waschen und fein schneiden. Die Kräuter und den Knoblauch zur Sauce geben und mit Pfeffer pikant abschmecken.
2. Die Maiskörner vom Kolben mit einem scharfen Messer lösen, etwa 5 Minuten in Salzwasser blanchieren und kalt abschrekken. Die Tomaten und die Gurke waschen, den grünen Stielansatz der Tomaten entfernen und das Gemüse in Würfel schneiden. Die Zwiebel schälen und ebenfalls fein würfeln.
3. Das Gemüse mit der Salatsauce mischen und gut durchziehen lassen.

Kartoffel-Bohnen-Salat

Sie benötigen für 4 Personen:

Für den Salat:

750 g festkochende Kartoffeln
Salz
500 g grüne Bohnen
1 Bund Bohnenkraut
200 g Leerdamerkäse
75 g Walnußkerne

Für die Salatcreme:

4 hartgekochte Eier
3 EL mittelscharfen Senf
6 EL Sherryessig
8 EL Walnußöl
Salz
schwarzen Pfeffer aus der Mühle

So wird's gemacht:

1. Die Kartoffeln waschen, in Salzwasser garen, schälen und in Scheiben schneiden.
2. Die Bohnen putzen, waschen und mit dem Bohnenkraut in Salzwasser etwa 20 Minuten garen, dann abgießen.
3. Den Leerdamer würfeln, die Nüsse grob hacken, alle Zutaten in eine Schüssel geben und gut mischen.
4. Für die Salatcreme die Eier schälen, die Eiweiße hacken und zu den übrigen Zutaten geben. Die Eigelbe durch ein Sieb streichen, den Senf, den Essig und das Öl unterrühren. Nach Geschmack mit Salz und Pfeffer würzen.
5. Die Salatcreme unter die Zutaten heben und den Salat etwa 1 Stunde durchziehen lassen.

Kartoffel-Sellerie-Salat

Sie benötigen für 4 Personen:

Für den Salat:

500 g festkochende Kartoffeln
Salz
100 ml heiße Gemüsebrühe
150 g Champignons
2 EL Kürbiskerne
1 EL Sonnenblumenöl
250 g Staudensellerie
2 Tomaten
250 g Brennesselkäse

Für die Salatsauce:

3 Becher Magermilchjoghurt
(je 150 g)
1 TL Dijonsenf
1 EL Curryketchup
1 Prise Zucker
weißen Pfeffer aus der Mühle
Selleriesalz

So wird's gemacht:

1. Die Kartoffeln waschen, in Salzwasser garen, schälen und in Scheiben schneiden. Die heiße Gemüsebrühe darübergießen.
2. Die Champignons waschen, trockentupfen und in Scheiben schneiden. Zusammen mit den Kürbiskernen im Öl anbraten. Die Staudensellerie schälen und in Stücke schneiden, die Tomaten achteln und den Brennesselkäse würfeln. Alle Zutaten mit den Kartoffeln mischen.
3. Für die Sauce den Joghurt mit dem Senf und dem Ketchup verrühren. Mit Zucker, Pfeffer und Selleriesalz nach Geschmack würzen. Die Sauce unter den Salat heben und etwa 1 Stunde durchziehen lassen.

Kohl-Apfel-Salat mit Grapefruit

Sie benötigen für 4 Personen:

Für den Kohl-Apfel-Salat:

1 kleinen Weißkohl (ca.500 g)
2 gehackte Schalotten
2 EL Distelöl
Schnitze von 2 säuerlichen Äpfeln
2 EL Weinessig
Salz
schwarzen Pfeffer aus der Mühle
1/4 TL gemahlenen Kümmel
1 Prise Zucker
1/8 l trockenen Weißwein

Für den übrigen Salat:

3 El Weinessig
6 El Distelöl
1/4 TL scharfen Senf
Zucker
Salz
Pfeffer aus der Mühle
1 rosa Grapefruit
1 unbehandelte Limette
1/2 rote Paprikaschote
1 kleine grüne Paprikaschote
2 reife, feste Bananen
1 Schalotte

So wird's gemacht:

1. Den Weißkohl putzen und ganz fein hobeln, dabei die Strünke entfernen.
2. Die Schalotten in einem Topf unter Zugabe von Distelöl glasig braten. Den Weißkohl und die Apfelschnitze abwechselnd einschichten, dabei den Kohl jeweils mit Essig beträufeln und mit Salz, Pfeffer und Kümmel bestreuen. Zum Schluß eine kleine Prise Zucker darübergeben und den Wein angießen. Den Wein zum Kochen bringen und die Kohl-Apfel-Mischung 5 Minuten im geschlossenen Topf schmoren. Abkühlen lassen.

3. Essig und Öl mit dem Senf zu einer Sauce verrühren, nach Geschmack mit Zucker, Salz und Pfeffer würzen.
4. Die Grapefruit schälen und die Limette unter fließendem Wasser abbürsten, dann die Schale mit einem Juliennekratzer abziehen und die pelzige Innenhaut abziehen. Grapefruit- und Limettenfilets mit einem scharfen Messer aus den dünnen Häutchen lösen.
5. Die Paprikaschoten putzen, waschen und in dünne Streifen schneiden. Die Bananen schälen und in Scheiben schneiden. Die Schalotte schälen und fein hakken. Die Zutaten mit der Sauce vermischen.
6. Eine Salatschale mit dem erkalteten Kohl-Apfel-Salat auskleiden, den Kohl-Apfel-Sud darübergießen und den Grapefruitsalat in die Mitte geben.

Maronen-Gänse-Salat

Sie benötigen für 4 Personen:

Für die Knoblauchsauce:
2 durchgepreßte Knoblauchzehen
100 g Mayonnaise
4 EL süße Sahne
2 EL Joghurt
Salz

Für den Salat:
400 g Gänsefleisch
200 g Maronen (Dose)
15 g Butter
2 große säuerliche Äpfel (Boskop)

Zum Garnieren:
1 kleinen Endiviensalat
3 EL Speiseöl
2 EL Zitronensaft, Zucker

So wird's gemacht:

1. Den Knoblauch zur Mayonnaise geben und diese mit Sahne und Joghurt verrühren. Nach Geschmack mit Salz pikant würzen.
2. Das Gänsefleisch (ohne Haut) in Würfel schneiden. Die Maronen abtropfen lassen und in der heißen Butter leicht bräunen. Die Äpfel waschen, vierteln und von Blüten- und Stengelansätzen sowie den Kerngehäusen befreien, dann grob raffeln. Die Äpfel, das Gänsefleisch und die Maronen rasch mit der Knoblauchsauce vermischen.
3. Den Endiviensalat putzen (nur die hellen Innenblätter verwenden), die Blätter waschen, abtropfen lassen und anrichten. Öl und Zitronensaft verrühren, mit Zukker abschmecken und damit die Blätter beträufeln. Den Maronen-Gänse-Salat in die Mitte einer Platte geben und rasch servieren.

Heringssalat

Sie benötigen für 4 Personen:

5 Matjesfilets (jeweils ca. 60 g)
250 g Kalbfleisch
250 g mageres Schweinefleisch
Salz, weißen Pfeffer aus der Mühle
40 g Kokosfett
250 g rote Bete
250 g Kartoffeln
Kümmel
1 Sellerieknolle (200 g)
3 Bismarckheringe (küchenfertig)
3 Boskop-Äpfel
3 Gewürzgurken
5 hartgekochte Eier
2 EL Kapern
8 EL Weizenkeimöl
5 EL Essig

So wird's gemacht:

1. Die Matjesfilets vorsichtig entgräten, dann 30 Minuten in Mineralwasser wässern, falls sie sehr salzig sind.
2. Kalb- und Schweinefleisch kurz abspülen, mit Haushaltspapier trockentupfen, mit Salz und Pfeffer einreiben und getrennt voneinander im heißen Kokosfett rundherum braun anbraten. Mit ganz wenig heißem Wasser umgießen und zugedeckt etwa 30 Minuten schmoren lassen. Abkühlen lassen und den Schmorfond aufheben.
3. Rote Bete und Kartoffeln waschen und dann getrennt in jeweils mit Salz und Kümmel gewürztem Wasser garen (rote Bete 35 Minuten, Kartoffeln 25 Minuten). Abgießen, abschrekken, schälen und beide sehr fein würfeln. Die Sellerie abbürsten und in Salzwasser 35 Minuten garen. Abschrecken, schälen und nach dem Abkühlen würfeln.
4. Die Matjesheringe abtropfen lassen und mit Haushaltspapier trokkentupfen. Die Bismarckheringe halbieren und häuten. Beide ebenso wie die zuvor geschälten Äpfel, die Gewürzgurken und die geschälten Eier würfeln.
5. Alle vorbereiteten Salatzutaten und die Kapern mit ihrer Flüssigkeit in einer großen Schüssel mischen. Mit dem Öl und beliebig mit Bratensaft mischen und mit Essig, Salz und Pfeffer abschmekken. Den Salat 6 bis 12 Stunden durchziehen lassen, eventuell nachwürzen.

Tropischer Salat

Sie benötigen für 4 Personen:

Für die Salatsauce:

3 EL Mayonnaise
3 EL Crème fraîche
1 EL Tomatenketchup
2 EL süße Sahne
1 EL Cognac
2 EL Orangensaft
Salz
Cayennepfeffer

Für den Salat:

200 g Scampi
(frisch oder tiefgekühlt)
1/2 frische Ananas
200 g Palmenherzen (Dose)
3 Scheiben gekochten Schinken
6 hartgekochte Eier

Zum Garnieren:

1/2 Kopfsalat
2 feste Tomaten
1 TL gehackte Petersilie

So wird's gemacht:

1. Für die Salatsauce Mayonnaise, Crème fraîche, Tomatenketchup, süße Sahne, Cognac und Orangensaft verrühren, mit Salz und Cayennepfeffer nach Geschmack pikant würzen.
2. Die Scampi in einem Sieb kurz kalt abspülen, gründlich abtropfen lassen. Die Ananas gründlich schälen, mit einem spitzen Messer die Augen herausschneiden, die Frucht dann längs achteln, von dem harten Innenkern befreien und in dünne Stücke schneiden.
3. Die Palmenherzen abtropfen lassen und in etwa 1 Zentimeter dikke Scheiben schneiden. Den Schinken würfeln. Die Eier schälen und mit dem Eierschneider in Scheiben teilen.
4. Die Salatzutaten vorsichtig mit der Salatsauce vermischen, damit die Eischeiben nicht zerbrechen.
5. Zum Garnieren den Kopfsalat zerpflücken, die Blätter waschen und trockenschleudern. Eine Servierschale damit auslegen und den Salat hineinfüllen. Die Tomaten mit kochendem Wasser überbrühen, abschrecken, häuten, achteln, entkernen und von den grünen Stengelansätzen befreien. Den Salat mit Tomatenachteln und Petersilie garnieren.

Winzersalat

Sie benötigen für 4 Personen:

Für das Dressing:

1 EL gehackte Schalotten
1 Tasse Rotwein
4 EL Rotweinessig
1 Eigelb
1 TL Senf
$^1/_2$ TL Salz
schwarzen Pfeffer aus der Mühle
$^1/_2$ Tasse Traubenkernöl

Für den Salat:

200 g Trauben
2 Kopfsalat
100 g mageren Speck
2 EL Butter
50 g Toastbrot

So wird's gemacht:

1. Für das Dressing die Schalotten mit dem Rotwein und dem Essig zu einer halben Tasse Flüssigkeit einkochen, anschließend auskühlen lassen. Das Eigelb, den Senf und die Gewürze beigeben und mit dem Öl wie eine Mayonnaise aufrühren.
2. Die Trauben halbieren, entkernen und zu dem Dressing geben. Vom Kopfsalat die äußeren Blätter entfernen, vierteln, waschen, abtropfen lassen und auf eine Platte legen.
3. Den Speck würfeln und in einer Pfanne auslassen, das Fett abgießen und die Butter dazugeben. Das Brot würfeln und in der Pfanne hellbraun rösten.
4. Das Dressing über die Kopfsalatherzen gießen, den Speck und die Croûtons darüber verteilen.

Tip:

Wenn Sie kein Traubenkernöl zur Hand haben, können Sie auch Distel- oder Olivenöl verwenden. Schalotten sind in jedem guten Gemüseladen erhältlich.

Nizza-Salat

Sie benötigen für 4 Personen:

Für das Dressing:

2 EL gehackte Schalotten
1 EL gehackte Petersilie
1 EL Senf
1/2 TL Salz
schwarzen Pfeffer aus der Mühle
1/4 Tasse Sherryessig
1/2 Tasse Olivenöl

Für den Salat:

1/2 Kopfsalat
200 g gekochte Kartoffeln
200 g gekochte Prinzeßbohnen
4 Tomaten
100 g schwarze und grüne Oliven
1 EL Kapern
2 hartgekochte Eier
200 g Thunfisch (Dose)
8 Sardellenfilets

So wird's gemacht:

1. Für das Dressing die Schalotten mit der Petersilie, dem Senf, den Gewürzen und dem Essig in eine Schüssel geben und verrühren. Das Öl unter ständigem Rühren langsam beigeben.
2. Den Kopfsalat putzen, waschen, abtropfen lassen und die Blätter in eine Schüssel oder auf eine Platte legen.
3. Die gewürfelten Kartoffeln, die Bohnen, die Oliven, die enthäuteten, entkernten und gewürfelten Tomaten sowie die Kapern zum Dressing geben und vorsichtig mischen.
4. Auf den Salatblättern verteilen und mit den geachtelten Eiern, dem Thunfisch und den Sardellenfilets garnieren.

Putenbrustsalat

Sie benötigen für 4 Personen:

2 Möhren (Karotten)
2 dünne Lauchstangen
3 Stangen Bleichsellerie
1 Zwiebel
1/2 l trockenen Weißwein
800 g Putenbrust
Salz
weißen Pfeffer aus der Mühle
100 g Crème fraîche
2 EL Rotweinessig
2 EL Zitronensaft
1 Bund gehackte Petersilie

So wird's gemacht:

1. Die eine Hälfte des geputzten und gewaschenen Gemüses grob, die andere sehr fein hacken.
2. Das grob gehackte Gemüse mit dem Wein erhitzen. Die Putenbrust salzen und pfeffern, dazugeben und zugedeckt bei geringer Hitze 40 Minuten gar ziehen, herausnehmen und erkalten lassen.
3. Das Gemüse aus dem Sud nehmen und mit der Crème fraîche pürieren. Mit Salz, Pfeffer, Essig und Zitronensaft abschmecken. Den Sud auf 1/8 Liter einkochen und untermischen.
4. Das übrige Gemüse kurz in kochendes Salzwasser geben, abgießen und eiskalt abschrecken.
5. Die Putenbrust in schmale Streifen schneiden. Mit Gemüse und Sauce mischen. Vor dem Servieren mit Petersilie bestreuen.

Bratwurstsalat mit Zwiebel

Sie benötigen für 4 Personen:

600 g grobe Bratwürste
2 EL Butterschmalz
3 Zwiebeln
3 Möhren
1/4 l trockenen Weißwein
4 EL Weißweinessig
1 Lorbeerblatt
1 Nelke
3 EL Öl
1 TL mittelscharfen Senf
Salz
Pfeffer
2 Frühlingszwiebeln

So wird's gemacht:

1. Die Würste im Schmalz 5 bis 8 Minuten braten. In 1/2 Zentimeter dicke Scheiben schneiden.
2. Zwiebeln und Möhren schälen. Die Zwiebeln in feine Ringe, die Möhren in dünne Scheiben schneiden. Mit dem Wein, dem Essig, dem Lorbeerblatt und der Nelke in einen Topf geben und 10 Minuten köcheln lassen. Das Gemüse herausnehmen, abkühlen lassen und mit der Wurst mischen.
3. Den Sud auf die Hälfte einkochen. Lorbeerblatt und Nelke herausnehmen. Öl und Senf unterrühren. Mit Salz und Pfeffer abschmecken. Dann über die Wurst gießen.
4. Beide Frühlingszwiebeln putzen, waschen und in feine Ringe schneiden. Unter den lauwarmen Salat mischen.

Grüner Reissalat

Sie benötigen für 4 Personen:

Für den Salat:

200 g gekochten Langkornreis
1/2 Salatgurke
1 Bund gehackte Kräuter der Saison
4 Frühlingszwiebeln
150 g Prinzeßböhnchen
150 g Erbsen (Tiefkühlpackung)
200 g gekochten Schinken

Für die Salatsauce:

2 hartgekochte Eigelb
1 TL scharfen Senf
4 EL Essig
8 EL Öl
Salz

So wird's gemacht:

1. Die Gurke waschen, nicht schälen, in feine Würfel schneiden und mit dem gekochten Reis (Grundrezept: Indischer Reissalat) vermischen.
2. Die Frühlingszwiebeln in Röllchen schneiden, die Prinzeßböhnchen knackig blanchieren und die Perlerbsen garen. Den Schinken in feine Würfel schneiden. Zusammen mit den gehackten Kräutern alle Zutaten zum Gurken-Reis-Gemisch dazugeben.
3. Für die Sauce die Eigelbe durch ein Sieb streichen und mit dem Senf, dem Essig und dem Öl zu einer cremigen Sauce verrühren, nach Geschmack mit Salz würzen. Vor dem Servieren unter den Salat mischen.

Balkansalat

Sie benötigen für 4 Personen:

Für den Salat:

200 g gekochten Langkornreis
100 g rohes Sauerkraut
1 eingelegte rote Paprikaschote (Glas)
1 frische grüne Paprikaschote
4 Tomaten
2 EL Schnittlauchröllchen
2 feingehackte Knoblauchzehen
100 g Champignons (Dose)
75 g geriebenen Emmentaler

Für die Salatsauce:

200 g dicke saure Sahne (Schmand)
Salz
scharfes Paprikapulver

So wird's gemacht:

1. Den gekochten Reis (Grundrezept: Indischer Reissalat) mit dem feingeschnittenen rohen Sauerkraut und der ebenfalls feingeschnittenen roten Paprikaschote in eine Schüssel geben.
2. Die grüne Paprikaschote entkernen, waschen und würfeln. Die Tomaten mit heißem Wasser überbrühen, die Haut abziehen und das Fleisch in feine Streifen schneiden. Paprikawürfel und Tomaten sowie alle anderen Salatzutaten ebenfalls in die Schüssel geben und vermischen.
3. Für die Sauce die saure Sahne mit Salz und Paprikapulver pikant würzen und unterheben.

Indischer Reissalat

Sie benötigen für 4 Personen:

Für den Salat:

200 g Langkornreis
1/2 l Fleischbrühe
200 g Krabben
5 Scheiben Ananas (Dose)
250 g frische Aprikosen
5 Ingwerpflaumen (Glas)
2 Bananen
2 EL Zitronensaft
2 EL Mango-Chutney

Für die Salatsauce:

150 g Mayonnaise
4 EL süße Sahne
Salz
scharfe Currymischung

Zum Garnieren:

50 g geröstete Mandelblättchen
einige Minzeblättchen

So wird's gemacht:

1. Reis und Fleischbrühe in einem offenen Topf sprudelnd aufkochen lassen. Dann den Deckel auflegen und den Reis bei ganz schwacher Hitze 20 Minuten gar ziehen, dann abkühlen lassen. Während des Abkühlens häufig umrühren.
2. Die Krabben kurz abspülen und gründlich abtropfen lassen. Die Ananasscheiben in kleine Stücke schneiden. Die Aprikosen mit kochendem Wasser überbrühen, häuten, halbieren, entsteinen, dann achteln.
3. Die Ingwerpflaumen in dünne Scheiben schneiden. Die Bananen schälen, in Scheiben schneiden und rasch mit dem Zitronensaft vermischen. Das Chutney — falls nötig — hacken.
4. Mayonnaise mit der Sahne glattrühren und pikant würzen. Alle Salatzutaten mit der Sauce vermischen, mit Mandel- und Minzeblättchen bestreuen.

Dessert-salate

Was früher das Kompott war, ist heute der fruchtig-frische Obstsalat. Ob nun mit heimischen Früchten der Saison oder mit exotischen Früchten aus aller Welt, die durch ihre farblich-kräftigen Tönungen und spritzig-süßen Geschmacksnuancen bezaubern und das ganze Jahr hindurch frisch zu haben sind, Fruchtsalate bereiten im wahrsten Sinne grenzenloses Dessertvergnügen.

Auch und gerade bei Dessertsalaten läßt sich von schlicht bis raffiniert und in einer ungeahnten Vielfalt variieren, kombinieren und genießen. Dessertsalate, die feinen Leckereien für jeden Nachtisch: die Kreationen reichen von fruchtig-herb bis spritzig-frisch und von cremig-süß bis kräftig-pikant.

Gemischter Fruchtsalat

Sie benötigen für 4 Personen:

Für den Salat:

100 g Erdbeeren
100 g Brombeeren
1 Mango
2 Kiwis
1 kleine Cantaloupemelone
50 g gehackte Pistazien
50 g gehackte Walnüsse
50 g gehackte Pinienkerne
60 ml Maraschinolikör

Für die Salatcreme:

125 g Crème fraîche
125 g Joghurt ohne Geschmack
1 Päckchen Vanillinzucker
2 EL Honig

So wird's gemacht:

1. Die Erdbeeren und die Brombeeren waschen, gut abtropfen lassen und in eine Schüssel geben. Die Mango schälen, das Fruchtfleisch vom Kern lösen, in kleine Würfel schneiden und zu den Beeren geben.
2. Die Kiwis schälen und in kleine Würfel schneiden. Die Melone halbieren, entkernen, das Fruchtfleisch herauslösen und ebenfalls in kleine Würfel schneiden. Mit den Kiwis und den Nüssen zu den übrigen Früchten geben und alles vorsichtig miteinander mischen.
3. Den Salat mit dem Marschinolikör aromatisieren und etwa 1/2 Stunde durchziehen lassen.
4. Für die Salatcreme die Crème fraîche mit dem Joghurt, dem Vanillinzucker und dem Honig glattrühren.
5. Den Fruchtsalat in Schalen oder Gläsern anrichten, mit der Salatcreme überziehen und servieren.

Bunter Obstsalat

Sie benötigen für 4 Personen:

Für den Salat:

3 Nektarinen
4 Kiwis
200 g blaue Trauben
200 g Erdbeeren
4 cl Maraschinolikör
2 EL Puderzucker
25 g gehackte Haselnüsse

Für die Salatcreme:

1 kleinen Becher Crème fraîche (100 g)

So wird's gemacht:

1. Die Nektarinen kurz in kochendes Wasser tauchen, kalt abschrecken und die Haut abziehen. Die Früchte halbieren, entsteinen und in dünne Spalten schneiden. Die Kiwis schälen und in etwa 3 Millimeter dicke Scheiben schneiden.
2. Die Weintrauben waschen, abtropfen lassen, halbieren und entkernen. Die Erdbeeren vorsichtig waschen, auf einer Lage Haushaltspapier ausbreiten, trockentupfen, dann die Stengelansätze herausdrehen und die Früchte je nach Größe halbieren oder vierteln.
3. Den Maraschinolikör mit dem Puderzucker verrühren, bis der Zukker sich gelöst hat. Dann die vorbereiteten Früchte mit dem Likör vermischen und zugedeckt 30 Minuten im Kühlschrank durchziehen lassen.
4. Die Haselnüsse in einer beschichteten Pfanne unter Rühren ohne Fettzugabe goldbraun rösten. Die Crème fraîche mit den Rührstäben des Handrührgeräts schaumig schlagen.
5. Den Salat noch einmal durchmischen, in eine Servierschale füllen und die Crème fraîche als dicken Klecks in die Mitte geben. Mit den Haselnüssen bestreuen. Erst nach dem Servieren mischen.

Orangen-Erdbeer-Salat

Sie benötigen für 4 Personen:

5 kleine, saftige Orangen
2 cl Cognac oder Weinbrand
4 cl Cointreau (Orangenlikör)
200 g kleine Erdbeeren
1/8 l süße Sahne
2 EL Amaretto (Mandellikör)

So wird's gemacht:

1. Die Orangen wie einen Apfel schälen, dabei auch die weiße Innenhaut abziehen. Die Früchte quer in dünne Scheiben schneiden und wenn nötig entkernen. Die Scheiben dachziegelartig auf einer Platte anrichten. Cognac bzw. Weinbrand mit dem Cointreau vermischen und darüberträufeln.
2. Die Orangenscheiben mit Folie bedeckt kühl, aber nicht im Kühlschrank 30 Minuten durchziehen lassen.
3. Die Erdbeeren waschen, gründlich abtropfen lassen, dann erst entstielen. Die Sahe steif schlagen, tropfenweise den Amaretto untermischen. Die Sahne in einen Spritzbeutel mit kleiner Sterntülle füllen.
4. Die Erdbeeren auf den Orangenscheiben anrichten und den Salat mit Sahnetupfen oder einem Sahnekranz garnieren.

Erdbeersalat mit Pfeffersahne

Sie benötigen für 4 Personen:

500 g kleine, aromatische Erdbeeren
100 g Zucker
4 cl Himbeergeist
200 g süße Sahne
2 TL eingelegte grüne Pfefferkörner

So wird's gemacht:

1. Die Erdbeeren waschen, abtropfen lassen und auf einer dicken Lage Küchenpapier ausbreiten. Mit Haushaltspapier vorsichtig trockentupfen, dann die Stengelansätze herausdrehen und die Früchte halbieren.
2. Die Erdbeeren mit dem Zucker mischen und gut 60 Minuten bei Zimmertemperatur Saft ziehen lassen, dabei hin und wieder umrühren, damit sich der Zucker ganz auflöst. Die Erdbeeren dann mit dem Himbeergeist vermischen und mit Folie abgedeckt für etwa 30 Minuten in den Kühlschrank stellen.
3. Die Sahne steif schlagen. Die Pfefferkörner abtropfen lassen und grob hacken. Mit der Sahne vermischen. In einen Spritzbeutel mit großer Sterntülle füllen.
4. Die Erdbeeren mit ihrem Saft in 4 Portionsschälchen verteilen und mit jeweils einem dicken Klecks der Pfeffersahne in der Mitte garnieren.

Pikanter Birnensalat

Sie benötigen für 4 Personen:

Für den Salat:

4 reife Birnen
2 reife Avocados
200 g Gorgonzola-Käse
4 zarte Salatblätter
2 EL gehackte Walnüsse
1 grüne Pfefferschote

Für die Sauce:

8 EL Öl
2 EL Zitronensaft
Pfeffer aus der Mühle
1/2 TL Salz

So wird's gemacht:

1. Die Birnen schälen, entkernen und in kleine Würfel schneiden. Die Avocados halbieren, schälen, den Kern herausnehmen und das Fruchtfleisch würfeln. Birnen und Avocados in eine Schüssel geben und ganz vorsichtig vermengen. Den Gorgonzola in Würfel schneiden und dazugeben.
2. In 4 Cocktailgläser jeweils ein Salatblatt legen, darauf das Birnengemisch geben und die gehackten Walnüsse dazwischenstreuen. Die Pfefferschote entkernen, in dünne Ringe schneiden und gleichmäßig auf die Gläser verteilen.
3. Für die Sauce das Öl mit dem Zitronensaft vermischen und nach Geschmack mit Pfeffer und Salz würzen. Die Sauce auf die Gläser verteilen und diese vor dem Servieren für kurze Zeit in den Kühlschrank stellen.

Tip:

Anstelle von Walnüssen kann man auch aus der Schale gelöste, gescheibelte Macadamia-Nüsse verwenden. Wenn Ihnen das Auslösen der Nüsse zu strapaziös ist: Macadamia-Nüsse aus Hawaii werden in guten Feinkostgeschäften auch vakuumverpackt angeboten.

Kiwicocktail

Sie benötigen für 2 Personen:

4 reife Kiwis
1 kleine reife Mango
1/2 kleine Ogenmelone
2 EL Puderzucker
Sekt

Zum Garnieren:
Borretschblüten

So wird's gemacht:

1. Die Kiwis schälen, quer in dünne Scheiben schneiden und beiseite legen. Die Mangofrucht schälen und mit einem Küchenmesser längs bis auf den Kern schmale Spalten abtrennen.
2. Die reife Ogenmelone quer halbieren, die Kerne mit einem Teelöffel herauskratzen, das Fruchtfleisch mit einem Kartoffelausstecher zu Kugeln formen.
3. Die drei Fruchtzutaten abwechselnd in zwei Gläser schichten, mit Puderzucker überstäuben und so viel Sekt aufgießen, daß die Früchte fast bedeckt sind.
4. Vor dem Servieren den Cocktail mit frischen Borretschblüten garnieren (die Borretschblüten können mitgegessen werden).

Variante:

Den Salat aus Kiwischeiben mit Pfirsichwürfeln und Bananenscheibchen durchschwenken und mit einer süßen Sahnecreme übergießen.

Ananassalat mit Limetten

Sie benötigen für 2 Personen:

1 frische Ananas (ca. 1200 g)
2 unbehandelte Limetten
200 g süße Sahne
2 EL Puderzucker
Mark von 1/4 Vanilleschote

So wird's gemacht:

1. Von der Ananas die Blattkrone und den Stengelansatz großzügig abschneiden. Die Frucht dann aufrecht stellen und die Schale mit einem scharfen Messer abschneiden. Die Augen mit der Messerspitze aus dem Fruchtfleisch lösen. Die Ananas in Achtel schneiden, den harten Innenkern entfernen und das Fruchtfleisch in 3 cm dicke Stükke schneiden.
2. Die Limetten unter lauwarmem Wasser abbürsten, abtrocknen und eine Frucht in dünne Scheiben schneiden. Von der zweiten Frucht die Schale mit einem Juliennekratzer ablösen (oder hauchdünn abschälen und in winzige Streifen schneiden). Die Frucht dann auspressen.
3. Die Sahne mit dem Mixer oder mit den Rührstäben des Handrührgerätes halbsteif schlagen. Dabei Puderzucker und Vanillemark oder -extrakt einlaufen lassen. Erst ganz zum Schluß nach Geschmack den Limettensaft und einen Teil der Schalen untermischen.
4. Die Limettenscheiben blütenblattartig am Rand einer flachen Servierschale anrichten. Die Ananaswürfel in die Mitte schichten und mit der Sahne übergießen. Mit den restlichen Schalenstreifen bestreuen.

Tip:

Vanilleschoten sind in Glasröhrchen verpackt im Handel erhältlich. Sollten diese einmal nicht vorrätig sein, können Sie statt dessen auch einige Tropfen Vanilleextrakt oder eine Prise Bourbon-Vanillepulver verwenden.

Feigensalat

Sie benötigen für 2 Personen:

8 frische dunkle Feigen
4 cl Cassislikör
6 cl Weißwein
150 g frische Himbeeren
1 EL Puderzucker
2 reife Pfirsiche

So wird's gemacht:

1. Die Feigen waschen, abtrocknen und vierteln. Cassislikör und Wein in einem Topf mischen. Die Feigen mit der Schalenseite nach unten hineinlegen und zugedeckt bei schwacher Hitze 10 Minuten dünsten.
2. Die aufgetauten Himbeeren durch ein Haarsieb streichen, damit die Kerne zurückbleiben. Dann mit dem Puderzucker verrühren.
3. Die Pfirsiche kurz in kochendes Wasser legen, häuten, halbieren, entsteinen und grob würfeln.
4. Die Feigen mit einem Schaumlöffel aus dem Sud heben. Jeweils acht Viertel der Feigen sternförmig auf einen Dessertteller anrichten.
5. Den Sud abkühlen lassen. Die Pfirsiche im Mixer oder mit dem Schneidstab des Handrührgeräts ganz fein pürieren, dabei den Feigensud einlaufen lassen.
6. Die Feigen je zur Hälfte mit dem Himbeer- und mit dem Pfirsichpüree umgießen. Dazu eventuell zartes Mandelgebäck und ein Glas Sekt reichen.

Tip:

Anstatt frischer können Sie auch eine Packung tiefgekühlter Himbeeren verwenden. Frische Feigen erhalten Sie auf jedem guten Markt oder in Feinkostgeschäften.

Heißer Blutorangensalat

Sie benötigen für 4 Personen:

Für den Salat:

2 – 3 Blutorangen
2 Äpfel (Jonagold)
75 g Butter
2 Päckchen Vanillezucker
4 EL Zucker
Saft von 1 Blutorange
Saft von 1 Zitrone
1 Tasse Himbeeren (Tiefkühlkost)
1 – 2 Glas Himbeergeist

Zum Garnieren:

Mandeln
2 EL Butter

So wird's gemacht:

1. Die Blutorangen gut schälen und in Segmente teilen. Die Äpfel schälen, vierteln, entkernen und in Stücke schneiden. Orangen mit Äpfeln vermischen.
2. In einer Kupferpfanne über einem angezündeten Rechaud die Butter goldgelb zerfließen lassen, den mit Vanillezucker gemischten Zucker dazugeben und unter Rühren langsam karamelisieren lassen.
3. Den Saft der Blutorange und den Zitronensaft langsam einrühren. Das Blutorangen-Apfel-Gemisch dazugeben. Alles erhitzen, aber aufpassen, daß nichts zerfällt.
4. Wenn der Obstsalat richtig heiß ist, die fast aufgetauten Himbeeren hineingeben und locker wenden, bis sich auch diese Früchte erwärmt haben.
5. Kurz vor dem Servieren alles mit dem Himbeergeist beträufeln und nach Belieben mit separat in Butter gerösteten heißen Mandeln überstreuen.

Tip:

Wenn man den Salat flambieren will, gibt man den Himbeergeist (etwas mehr dazugeben) in eine Schöpfkelle, erhitzt das Destillat und gießt es brennend über das Obstgemisch.

Sommerlicher Obstsalat

Sie benötigen für 4 Personen:

Für den Salat:

8 tiefgefrorene Vanilleeiskugeln
500 g frische Erdbeeren
2 EL Mandelscheiben
2 Gläschen Maraschinolikör
1 Dolde Holunderblüten

Für die Sauce:

200 g süße Sahne
4 EL Quark (Rahmstufe)
4 EL Kokospaste (Dose)

So wird's gemacht:

1. Die Vanilleeiskugeln mit den gewaschenen Erdbeeren in ein großes Glas geben, die Mandelscheiben dazwischenstreuen.
2. Maraschinolikör über den Salat träufeln und mit einer blütenweißen Holunderdolde bedecken, die man mitessen kann.
3. Für die Sauce die süße Sahne cremig schlagen, den Quark und die Kokospaste unterziehen. Die Sauce in eine Schale geben und extra zum Salat reichen. Jeder bedient sich nach Geschmack und gießt sich selbst die Sauce über den Salat.

Trauben-Nuß-Salat

Sie benötigen für 2 Personen:

200 g blaue Weintrauben
250 g helle Weintrauben
2 cl Cognac
2 cl Kirschwasser
2 cl Cointreau
2 cl Maraschinolikör
1 kleine, frische Ananas
1 Orange
1 Zitrone
50 g Puderzucker
einige Tropfen Vanilleextrakt
100 g Haselnußkerne
1/8 l süße Sahne
1 EL Schokoladenstreusel
(Fertigprodukt)

So wird's gemacht.

1. Die Weintrauben waschen, abtropfen lassen. Die Beeren von den Stielen zupfen, halbieren und entkernen. Die Spirituosen miteinander verrühren und die Weinbeeren damit vermischen. Im Kühlschrank 30 Minuten zugedeckt ziehen lassen.
2. Von den Ananas den Stengelansatz knapp abschneiden, mitsamt der Blattkrone längs halbieren, das Fruchtfleisch auslösen, die Innenteile entfernen, das Fruchtfleisch würfeln und zu den Trauben geben. Gründlich mischen und 15 Minuten ziehen lassen.
3. Die Orange und Zitrone auspressen, den Saft mit dem Puderzucker mischen und mit Vanilleextrakt würzen. Einen Teil in die beiden Ananashälften träufeln und diese kühlstellen.
4. Die Haselnüsse ohne Fettzugabe in einer beschichteten Pfanne unter häufigem Rütteln so lange rösten, bis die dünne Haut brüchig geworden ist und sich leicht von den Nüssen lösen läßt. Die Nüsse in einem Küchentuch abreiben und abkühlen lassen.
5. Die Sahne steif schlagen. Trauben und Ananas mit den Nüssen, der Hälfte der Sahne und der restlichen Orangen-Zitronensaft-Mischung vermengen und in die Ananashälften füllen.
6. Die restliche Sahne in einen Spritzbeutel mit Sterntülle füllen und den Salat damit garnieren. Zum Schluß die Schokoladenstreusel darüber verteilen. Den Salat sofort auftragen.

Papayasalat

Sie benötigen für 2 Personen:

2 reife Papayas
200 g Zucker
Mark 1/2 Vanilleschote
1/8 l Wasser
2 EL Ingwersirup (Glas)
1 Msp. gemahlene Nelken
1 Prise Zimt
1 Grapefruit
4 eingelegte Ingwerpflaumen
Saft von 1 Zitrone
2 cl Rum, 2 EL Pinienkerne

So wird's gemacht:

1. Papayas schälen, halbieren, die Kerne herausschaben. Die Früchte dann in dünne Scheiben schneiden. Mit Zucker, Vanillemark, Wasser, Ingwersirup, Nelkenpulver und Zimt vermischen. Aufkochen und 15 Minuten köcheln, dann abkühlen lassen.
2. Die Grapefruit schälen und die pelzige Innenhaut abziehen. Die Fruchtfilets mit einem scharfen Messer aus den Trennhäuten lösen. Die Ingwerpflaumen grob hacken. Zitronensaft und Rum verrühren.
3. Die Grapefruitstücke sternförmig auf einer Schale anrichten. Die Papayastreifen und ihren Sirup mit den Ingwerpflaumen und der Zitronen-Rum-Mischung vermengen und in die Mitte geben. Mit Pinienkernen bestreuen.

Gefüllte Melonen

Sie benötigen für 4 Personen:

4 kleine Honigmelonen
200 g Erdbeeren
200 g entkernte Kirschen
200 g Pfirsiche
200 g Bananen
200 g Ananas
150 g Zucker
5 EL Kirschwasser
Eiswürfel

So wird's gemacht:

1. Die Melonen halbieren. Ein kleines Stück am Stiel- und am Blütenansatz abschneiden, damit die Hälften besser stehen bleiben. Die Kerne herausnehmen, dann das Fruchtfleisch mit einem Löffel herausheben und es kleinschneiden.
2. Die Melonenschalen in vier Dessertschalen setzen und in den Kühlschrank stellen.
3. Die restlichen Früchte kleinschneiden. Die Melonenstücke, den Zucker und das Kirschwasser daruntermischen. Den Fruchtsalat für mindestens 1/2 Stunde kalt stellen.
4. Zum Servieren die Melonenschalen mit dem Fruchtsalat füllen und mit einigen Eiswürfeln umlegen.

Tip:

Zum Entkernen der Kirschen werden in Haushaltswarengeschäften geeignete Geräte angeboten. Sie können sich damit ganz erheblich Ihre Arbeit erleichtern.
Achten Sie beim Kauf der Honigmelonen darauf, daß diese fest und reif sind.

Scharfer Fruchtsalat

Sie benötigen für 4 Personen:

Für den Salat:

1 Apfel
1 Grapefruit
1 Orange
2 Kiwis
100 g Cocktailtomaten
Saft von einer Zitrone
4 EL flüssigen Honig
1 EL grüne Pfefferkörner

Für die Creme:

1 Becher saure Sahne
1/4 TL gemahlene Vanille
einige Tropfen Rum

So wird's gemacht:

1. Den Apfel vierteln, entkernen und in dünne Scheiben schneiden.
2. Die Grapefruit und die Orange schälen, dabei jeweils die weiße Innenhaut entfernen und beide Früchte filetieren.
3. Die Kiwis schälen und in Scheiben schneiden.
4. Dann alle Früchte in eine Schüssel geben.
5. Die Tomaten waschen, mit einem Küchentuch trockentupfen, halbieren, zu den Früchten geben und vorsichtig unterheben.
6. Den Zitronensaft mit dem Honig und den Pfefferkörnern glattrühren und über die Früchte geben. Gut vermischen und 1 Stunde im Kühlschrank marinieren lassen.
7. Die saure Sahne mit der Vanille und dem Rum aromatisieren, die Früchte anrichten, mit der sauren Sahne überziehen und sofort servieren.

Oranges à l'Orange

Sie benötigen für 4 Personen:

4 große unbehandelte Orangen
etwa 1 Tasse Grenadinesirup
2 EL braunen Zucker
einige frische Pistazien

So wird's gemacht:

1. Die Orangen waschen und mit einem scharfen Messer hauchdünn schälen. Die schönsten Schalen in dünne Strefen schneiden.
2. Die Streifen in einen Topf geben, den Sirup angießen und den Zucker darüberstreuen. Bei mittlerer Hitze die Schalen einkochen.
3. In der Zwischenzeit die Orangen von den restlichen Schalen und der weißen Innenhaut befreien, die Filets herausschneiden und den Saft dazupressen.
4. Die Orangenfilets anrichten, mit den eingekochten Orangenstreifen überziehen und mit den frisch geschnittenen Pistazien bestreut servieren.

Fruchtsalat mit Nüssen

Sie benötigen für 4 Personen:

Für den Salat:
1 Mangofrucht
1 Papaya
1 Ogenmelone
2 Kiwis
1/2 Tasse Rosinen
2 cl Rum
4 EL flüssigen Honig
Saft von einer halben Zitrone
50 g Walnüsse
2 EL Pistazien
2 EL Pinienkerne
2 EL Mandelsplitter

Für die Creme:
1 Becher Crème fraîche
1/4 TL gemahlene Vanille
Saft von einer halben Zitrone

Zum Garnieren:
einige Melissenzweige

So wird's gemacht:

1. Mango, Papaya und Melone schälen, entkernen, Kiwis schälen, das jeweilige Fruchtfleisch in Scheiben schneiden und mit den Rosinen in eine Schüssel geben.
2. Das Fruchtfleisch und die Rosinen mit Rum beträufeln, den Honig und den Zitronensaft unterziehen.
3. Die Walnüsse, die Pistazien und die Pinienkerne hacken, mit den Mandelsplittern untermischen und das Ganze zugedeckt im Kühlschrank 2 Stunden ziehen lassen.
4. Für die Creme die Crème fraîche mit der Vanille und dem Zitronensaft schaumig schlagen.
5. Die Früchte auf flachen Tellern anrichten, mit der Creme überziehen und mit Melissenzweigen garnieren.

Obstsalat nach Feinschmeckerart

Sie benötigen für 4 Personen:

Für den Salat:

1 Honigmelone
250 g Himbeeren
250 g Kirschen
700 g gemischtes Obst der Saison
100 g gehackte Nüsse
nach Geschmack
(z.B. Haselnüsse, Walnüsse,
Pistazien und Pinienkerne)

Für die Sauce:

100 g süße Sahne
100 g Crème fraîche
1/4 TL gemahlene Vanille
1 – 2 TL Honig
1 EL Rum
etwas frisch geriebenen Ingwer
oder 1/4 TL gemahlenen Ingwer

So wird's gemacht:

1. Das Obst waschen, putzen, bei Bedarf schälen und je nach Obstsorte zerkleinern.
2. Die einzelnen Obstsorten in Portionsgläser schichten, dabei gehackte Nüsse zwischen die Lagen streuen.
3. Die Sahne mit der Crème fraîche verrühren und mit Vanille, Honig, Rum und Ingwer würzen.
4. Auf jedes Glas etwas Sauce geben und mit ein oder zwei Früchten garnieren.

Obstsalat mit Käsestreifen

Sie benötigen für 4 Personen:

Für den Salat:

1 Banane
1 Orange
2 Äpfel
200 g blaue oder grüne Trauben
1 Möhre
200 g Schnittkäse nach Geschmack
3 EL gehackte Nüsse

Für die Sauce:

1 Becher Joghurt ohne Geschmack
2 EL Öl
1 TL Honig
1/2 TL Chinagewürz

So wird's gemacht:

1. Das Obst waschen, putzen und nach Bedarf schälen. Die Banane in feine Scheiben schneiden, die Orange und die Äpfel in Würfel schneiden, die Trauben halbieren und mit einem scharfen Messer entkernen.
2. Die Möhre grob raspeln.
3. Den Schnittkäse in feine Streifen schneiden.
4. Das Obst und die Möhrenraspeln zusammen mit den gehackten Nüssen und den Käsestreifen vermischen.
5. Die süße Sahne mit der Crème fraîche verrühren und mit Vanille, Honig, Rum und Ingwer abschmecken. Die Sauce unter den Obstsalat ziehen.

Buffet-salate

Was wäre eine Party ohne einen oder mehrere Salate? Je nach Anlaß der Festivität lassen sich die Salatkompositionen variieren: Ob nun als kulinarisches Tellergericht aus Fischen, Schal- und Krustentieren, aus Fleisch, Wild und Geflügel mit raffinierten Gewürzmischungen oder als pikante Salatschüssel mit Teigwaren, Eiern, Nüssen und Käse, Salate gehören auf jedes kalte oder warme Buffet.

Die Zahl der Salatfreunde unter den Partygästen ist mittlerweile so mächtig, daß sie über Gelingen oder Mißlingen eines Festes bestimmen können. Schließlich soll so manche für die Fete entscheidende Schlacht am Buffet wegen eindeutiger Vorlieben für die verführerischen Köstlichkeiten einer besonderen Salatkreation ausgebrochen sein...

Italienischer Nudelsalat

Sie benötigen für 4 Personen:

Für den Salat:

250 g geputzte Möhren
Salz, Zucker
300 g Perlerbsen (Tiefkühlkost)
250 g gekochten Vorderschinken
250 g Mortadella
500 g gekochte bunte Nudeln
6 enthäutete Fleischtomaten
6 Stengel Bleichsellerie
2 kleine Fenchelknollen
1 Bund gehackte Frühlingszwiebeln
2 Bund gemischte Kräuter
3 EL Kapern

Für die Salatsauce:

250 g Delikateßmayonnaise
1 Becher Crème fraîche
10 cl süße Sahne, Cayennepfeffer

Zum Darüberstreuen:

200 g geriebenen Parmesankäse

So wird's gemacht:

1. Die Möhren schälen und mit wenig Wasser, etwas Salz und Zukker zugedeckt 25 Minuten weichkochen. Die Erbsen nach Packungsaufschrift garen.
2. Möhren und Erbsen abgießen und abkühlen lassen. Schinken und Mortadella in kleine Würfel schneiden. Die gekochten Nudeln dazugeben.
3. Die Tomaten vierteln, entkernen und würfeln. Sellerie und Fenchel putzen, das Grün waschen und abtropfen lassen. Den Sellerie in dünne Streifen, den Fenchel in kleine Würfel schneiden. Die Frühlingszwiebeln dazugeben.
4. Die Kräuter mit dem Sellerie- und Fenchelgrün hacken. Die Möhren in Scheiben schneiden. Die Kapern abtropfen lassen. Alle Zutaten mischen.
5. Die Mayonnaise mit Crème fraîche und der süßen Sahne verrühren, mit Cayennepfeffer abschmecken. Die Sauce unterziehen und 20 Minuten durchziehen lassen. Mit Salz und Cayennepfeffer nach Geschmack nachwürzen. Parmesan zum Darüberstreuen anbieten.

Champignon-Avocado-Salat

Sie benötigen für 4 Personen:

Für die Salatsauce:

6 EL Sherryessig, 1/4 TL Salz
1/2 TL Zucker, 8 EL Walnußöl

Für den Salat:

200 g Lachsschinken in Scheiben
6 gehackte Schalotten
600 g Steinchampignons (Egerlinge)
1/8 l frisch gepreßten Zitronensaft
4 große Avocados
2 TL Korianderkörner
4 EL Walnußöl

Zum Nachwürzen:

geschroteten schwarzen Pfeffer

So wird's gemacht:

1. Essig mit Salz und Zucker verrühren. Walnußöl einlaufen lassen.
2. Lachsschinken ohne Fettrand und Schinken in Würfel schneiden. Die Schalotten dazugeben.
3. Die Champignons putzen, in dünne Scheiben schneiden und mit dem Zitronensaft vermischen.
3. Die Avocados halbieren, Kerne herauslösen, Fruchtfleisch mit einem Kugelausstecher herausheben und mit Schinkenwürfeln vermischen.
4. Die Korianderkörner zerstoßen. Die Champignons abtropfen lassen und trockentupfen. Die Scheiben dachziegelartig anrichten, mit Öl beträufeln und mit dem Koriander bestreuen.
5. In die Mitte die Avocadokugeln mit dem Lachsschinken geben, mit der Sauce übergießen und nach Belieben pfeffern.

Trüffelsalat

Sie benötigen für 4 Personen:

Für die Salatsauce:

5 hartgekochte Eier
1 TL scharfen Senf
4 EL Sherryessig
4 EL trockenen Sherry
Salz
Pfeffer aus der Mühle
1 Prise Zucker
8 EL kaltgepreßtes Olivenöl

Für den Salat:

16 große Artischockenböden (Glas)
2 kleine Dosen Trüffeln (je ca. 25 g)
2 große Köpfe Bataviasalat

So wird's gemacht:

1. Eigelbe und Eiweiße von 2 Eiern durch ein Sieb streichen, mit Sherryessig, Sherry, Salz, Pfeffer und Zucker glatt verrühren, das Öl hinzufügen.
2. Artischockenböden in Streifen und Trüffeln in zarte Scheiben schneiden. Mit Trüffelflüssigkeit die Sauce abschmecken.
3. Den Bataviasalat mundgerecht zerzupfen, die restlichen Eiweiße in kleine Würfel schneiden.
4. Eine Schüssel mit der Hälfte der Salatblätter auslegen, darauf ein Drittel der Artischocken und Trüffel streuen. Den restlichen Salat darüber verteilen. Die übrigen Artischocken und Trüffel so darauf anrichten, daß in der Mitte ein großer freier Raum bleibt. In diesen die Salatsauce hineingeben und mit Eiweiß bestreuen.

Schmetterlingssalat

Sie benötigen für 4 Personen:

Für den Salat:

500 g gekochte Eiernudeln
(Schmetterlingsnudeln
175 g Rohprodukt)
1 rote Paprikaschote
1 grüne Paprikaschote
100 g frische Champignons
4 Tomaten
200 g frische Erdbeeren
1 Bund Zitronenmelisse
1 Bund Pfefferminze
1 Kästchen Kresse

Für das Dressing:

1 Tasse Gemüsebrühe
1 Tasse Weißwein
4 EL Obstessig
4 EL Erdnußöl
Meersalz
Pfeffer aus der Mühle
1 Prise Zucker
4 cl Weinbrand

So wird's gemacht:

1. Die Eiernudeln in eine Schüssel geben.
2. Die Paprikaschoten putzen, waschen und in Streifen schneiden.
3. Die Champignons putzen und in Scheiben schneiden.
4. Die Tomaten mit kochendem Wasser übergießen, enthäuten, entkernen und in Streifen schneiden.
5. Die Erdbeeren putzen, waschen und halbieren.
6. Die Kräuter verlesen, waschen und fein hacken. Mit den übrigen Zutaten zu den Nudeln geben und alles vorsichtig miteinander vermischen.
7. Für die Sauce die Gemüsebrühe mit dem Weißwein, dem Obstessig und dem Erdnußöl verrühren. Mit Meersalz, Pfeffer und Zucker nach Geschmack würzen und mit Weinbrand aromatisieren.
8. Den Salat mit der Sauce anmachen, 1/2 Stunde im Kühlschrank ziehen lassen und anschließend servieren.

Vollkorn-Nudelsalat

Sie benötigen für 4 Personen:

Für den Salat:

500 g gekochte Vollkornnudeln
(175 g Rohprodukt)
1 Zwiebel
1 Dose Mais
1 Dose Kidney-Bohnen
2 Tomaten
1 rote Paprikaschote
1 grüne Paprikaschote
150 g Emmentaler-Käse

Für das Dressing:

1 Tasse saure Sahne
1 Tasse Joghurt ohne Geschmack
1/2 Tasse Curryketchup
1 Prise Paprikapulver
1 Prise Curry
1 EL Johannisbeergelee
4 EL Obstessig
Meersalz
Pfeffer aus der Mühle
einige Tropfen Tabasco
1 Bund Petersilie
1 Bund Schnittlauch

So wird's gemacht:

1. Die Vollkornnudeln in eine Schüssel geben. Die Zwiebel schälen, fein hacken, mit dem gut abgetropften Mais und den Kidney-Bohnen zu den Nudeln geben.
2. Die Tomaten mit heißem Wasser überbrühen, enthäuten, entkernen und würfeln. Die Paprikaschoten waschen, putzen, entkernen und in Streifen schneiden.
3. Den Emmentaler in kleine Streifen schneiden und mit den Tomaten und den Paprikaschoten zu den Nudeln geben. Alles vorsichtig miteinander vermischen.
4. Für die Sauce die saure Sahne mit dem Joghurt und dem Curryketchup glattrühren, mit dem Paprikapulver, dem Curry, dem Johannisbeergelee und dem Obstessig würzen. Mit Salz und Pfeffer abschmecken und mit Tabasco schärfen.
5. Den Salat mit der Sauce anmachen und im Kühlschrank mindestens 1/2 Stunde ziehen lassen. Vor dem Servieren den Salat nochmals vermischen, abschmekken und mit den fein geschnittenen Kräutern bestreuen.

Kartoffelsalat mit Herz

Sie benötigen für 4 Personen:

Für die Salatsauce:

6 EL Öl

2 EL Weinessig

1/2 TL Salz

weißen Pfeffer aus der Mühle

Für den Salat:

1 kleinen Kopfsalat

500 g gekochte Kartoffeln

250 g gekochte rote Bete

1 kleine Dose grüne Böhnchen

2 EL kleingehackte Kapern

etwas Kerbelkraut

Zum Garnieren:

Weißbrotscheiben

2 EL Butter

1 Trüffel (Dose)

So wird's gemacht:

1. Öl mit Essig verrühren und mit Salz und Pfeffer würzen.
2. Den Kopfsalat putzen, waschen, trockenschleudern, in dünne Streifen schneiden.
3. Die Kartoffeln und roten Beten schälen und in Stifte schneiden.
4. Die Böhnchen abtropfen lassen, die kleingehackten Kapern und etwas frisches Kerbelkraut hinzufügen und mit der Sauce vermischen. Vorher etwas Sauce beiseite stellen.
5. Die roten Beten mit der restlichen Sauce beträufeln und unterheben.
6. Dünne Weißbrotscheiben zu Herzen ausstechen und in Butter rösten. Trüffel in 4 Scheiben schneiden und zu kleinen Herzen formen.
7. Den fertigen Salat auf eine runde Platte füllen, die goldbraunen Toastherzen rundherum legen und als Mittelstück die 4 Trüffelherzen als Kleeblatt aufsetzen.

Kartoffel-Rosenkohl-Salat

Sie benötigen für 4 Personen:

Für die Marinade:

1 Tasse Öl

1 EL Weinessig

1/2 TL Salz

1/2 TL Pfeffer aus der Mühle

1 Msp. Muskat

Für den Salat:

750 g kleine, festkochende Kartoffeln

1 Paket Rosenkohl (Tiefkühlkost)

2 Stauden Chicorée

2 Zwiebeln

Zum Garnieren:

Petersilie

Brunnenkresse

So wird's gemacht:

1. Für die Marinade Öl und Weinessig miteinander verrühren, mit Salz, Pfeffer und Muskat abschmecken.
2. Die Kartoffeln in Salzwasser kochen, schälen, auskühlen lassen und in Scheiben schneiden. Den nach Packungsanweisung gegarten Rosenkohl auskühlen lassen und zusammen mit den Kartoffelscheiben in eine Schüssel geben.
3. Von den Chicoréestauden die äußeren Blätter vorsichtig abtrennen, abspülen, abtropfen lassen und als Unterlage für den Salat beiseite legen. Den restlichen gewaschenen und abgetropften Chicorée in Streifen schneiden und zum Salat in die Schüssel geben.
4. Die Marinade über die Salatmischung gießen, diese wenden und durchziehen lassen.
5. Die zurückbehaltenen Chicoréeblätter mit den Spitzen nach außen auf eine große Platte legen und darauf den fertigen Salat häufen. Die Zwiebeln schälen und in Ringe schneiden. Die Zwiebelringe auf den Rand legen und mit Petersilie und Kresse dekorativ ausfüllen.

Kartoffelsalat mit Rote-Bete-Dressing

Sie benötigen für 4 Personen:

Für das Dressing:

40 g rote Bete (Glas)
1/8 l Fleischbrühe
1 TL Weinessig
Salz
Zucker
weißen Pfeffer aus der Mühle
3 EL Öl

Für den Salat:

800 g festkochende Kartoffeln
1 kleine Sellerieknolle (ca. 350 g)
2 Stangen Lauch

So wird's gemacht:

1. Für das Dressing die rote Bete mit dem Handrührgerät oder Mixer pürieren. Die Fleischbrühe und den Essig unterrühren und nach Geschmack mit Salz, Zucker und Pfeffer würzen. Das Öl nach und nach dazugeben und nochmals abschmecken.
2. Die Kartoffeln in wenig Salzwasser gar kochen, schälen und auskühlen lassen, dann in mittelgroße Würfel schneiden.
3. Die Sellerieknolle schälen, würfeln und in wenig Wasser bißfest kochen. Den Lauch in mittelgroße Ringe schneiden, in sprudelndem Salzwasser blanchieren und zusammen mit dem Sellerie zu den Kartoffeln geben.
4. Das Dressing über den Salat gießen, das Ganze vorsichtig mischen und etwa 1/4 Stunde ruhen lassen.

Kartoffelsalat mit Kräuterdressing

Sie benötigen für 4 Personen:

Für den Salat:

600 g festkochende Kartoffeln
1 EL Kümmel
1 Zweig Thymian
1 Zweig Rosmarin

Für das Dressing:

2 Zwiebeln
1 Bund Frühlingszwiebeln
100 g Magerquark
1 Tasse Joghurt
1 Tasse Crème fraîche
Saft von1 Zitrone
3 EL Obstessig
1 EL Meersalz
6 Knoblauchzehen
Salz
weißen Pfeffer aus der Mühle
1 Prise Zucker
1 Bund Schnittlauch
1/2 Bund Petersilie
1/2 Bund Estragon
1 Röhrchen Kapern

So wird's gemacht:

1. Die Kartoffeln mit Salzwasser ansetzen, Kümmel, Thymian und Rosmarin dazugeben, zugedeckt 20 Minuten kochen, abgießen, schälen und auskühlen lassen. Die Kartoffeln in Scheiben schneiden und in eine Schüssel geben.
2. Die Zwiebeln schälen und fein hacken. Die Frühlingszwiebeln putzen, waschen, trockentupfen und in Ringe schneiden. Den Magerquark mit dem Joghurt, der Crème fraîche, dem Zitronensaft und dem Obstessig glattrühren und unter die Zwiebeln mischen.
3. Die Knoblauchzehen schälen, mit Salz zerreiben und zum Dressing geben. Mit Pfeffer und Zucker nach Geschmack würzen. Die verlesenen, gewaschenen und kleingeschnittenen Kräuter sowie die gut abgetropften Kapern dazugeben und nochmals abschmecken.
4. Die Kartoffelscheiben in der Schüssel mit dem Dressing anmachen und mindestens 1/2 Stunde ziehen lassen. Vor dem Servieren nochmals abschmecken.

Spinat-Tomaten-Salat

Sie benötigen für 4 Personen:

Für das Dressing:

100 g Roquefortkäse
1 Eigelb
3 El Milch
2 El gehackte Schalotten
1 Knoblauchzehe
1/4 TL Salz
schwarzen Pfeffer aus der Mühle
1/4 Tasse Sherryessig
1/2 Tasse Olivenöl

Für den Salat:

500 g junge Spinatblätter
6 Tomaten

So wird's gemacht:

1. Für das Dressing den Roquefortkäse durch ein Sieb drücken oder mit einer Gabel zerdrücken und in eine Schüssel geben. Mit dem Eigelb, der Milch und den Schalotten mischen.
2. Die Knoblauchzehe schälen, hakken und zusammen mit Salz und Pfeffer dazugeben. Zuerst den Essig und dann zum Schluß das Öl unter ständigem Rühren dazugeben.
3. Die Spinatblätter putzen, waschen und gut abtropfen lassen.
4. Die Tomaten mit heißem Wasser überbrühen, enthäuten, entkernen und das Fruchtfleisch achteln.
5. Die Tomaten und die Spinatblätter zum Dressing geben und vor dem Servieren vorsichtig mischen.

Moderner Salat

Sie benötigen für 4 Personen:

Für den Salat:

1 Kopf Friséesalat
1 Kopf Eichblattsalat
1 kleinen Kopf Radicchio
250 g Kalbsbries
1/4 TL Salz
weißen Pfeffer aus der Mühle
3 EL Butter
8 Scampi oder Riesenkrevetten
150 g gekochte Prinzeßbohnen
150 g Champignons

Für das Dressing:

2 EL gehackte Schalotten
2 EL gehacktes Basilikum
1/4 Tasse Himbeeressig
1/2 TL Salz
schwarzen Pfeffer aus der Mühle
1/3 Tasse Distelöl

So wird's gemacht:

1. Die Salate putzen, waschen und abtropfen lassen.
2. Das Kalbsbries wässern, enthäuten, in Scheiben schneiden, mit Salz und Pfeffer würzen. Die Butter in einer Pfanne erhitzen und die Briesscheiben 10 Minuten braten.
3. Die Scampi oder Riesenkrevetten schälen, mit Salz und Pfeffer würzen, zum Kalbsbries in die Pfanne geben und kurz mitbraten.
4. Für das Dressing die Schalotten mit dem Basilikum, dem Essig und den Gewürzen in eine Schüssel geben und mit dem Öl aufrühren.
5. Die Bohnen in 4 bis 5 Zentimeter große Stücke zerteilen, mit den blättrig geschnittenen Champignons und den Blattsalaten in das Dressing geben und mischen.
6. Den Salat auf 4 Tellern anrichten, die Scampi und das Kalbsbries darauflegen und mit Dressing benetzen.

Blumenkohl-Frischkost

Sie benötigen für 4 Personen:

Für die Sauce:

1 Banane

Saft von 1 1/2 Zitronen

Currypulver

weißen Pfeffer aus der Mühle

Meersalz

150 g saure Sahne oder Dickmilch

Apfeldicksaft

Für die Frischkost:

400 g Blumenkohl

1 kleinen Kopf Radicchio

Zum Garnieren:

2 EL frisch geriebene Kokosnuß

oder Mandelsplitter

Dillzweige

So wird's gemacht:

1. Für die Sauce die Banane schälen, mit einer Gabel zerdrücken und mit Zitronensaft, Currypulver, Pfeffer, Meersalz, der sauren Sahne oder der Dickmilch und dem Apfeldicksaft verrühren.
2. Den Blumenkohl in Röschen teilen, diese waschen, abtrocknen, grob raspeln und locker unter die Salatsauce heben.
3. Den Radicchio putzen, die Blätter waschen, trockentupfen und den Blumenkohlsalat darauf anrichten. Mit Kokosnuß oder leicht gerösteten Mandelsplittern und Dillzweigen garnieren.

Möhren-Apfel-Salat

Sie benötigen für 4 Personen:

Für die Sauce:

4 EL süße Sahne

4 El saure Sahne

Saft von 1/2 Zitrone

Meersalz

Pfeffer aus der Mühle

Für den Salat:

200 g Möhren

200 g Äpfel

1/4 Bund Kerbel

2 EL geriebene Nüsse

So wird's gemacht:

1. Für die Sauce die süße und die saure Sahne mit dem Zitronensaft verrühren und nach Geschmack mit Meersalz und Pfeffer würzen.
2. Die Möhren und die Äpfel putzen, waschen, die Möhren eventuell schaben und beides grob raspeln oder auch in Streifen schneiden.
3. Den Kerbel fein hacken, einige Blättchen zum Garnieren beiseite legen.
4. Den Kerbel, die Möhren und die Äpfel mit der Sauce mischen und die Nüsse unterheben. Mit den Kerbelblättchen garnieren.

Selleriesalat mit Äpfeln

Sie benötigen für 4 Personen:

Saft von 2 Zitronen

200 g Dickmilch

oder saure Sahne

400 g Sellerieknolle

2 Äpfel (ca. 200 g)

weißen Pfeffer aus der Mühle

Meersalz

Apfeldicksaft nach Geschmack

4 Scheiben frische Ananas

2 EL gehackte Haselnüsse oder

Walnüsse

So wird's gemacht:

1. Den Zitronensaft mit der Dickmilch oder der sauren Sahne verrühren.
2. Die Sellerieknolle schälen und waschen, die Äpfel waschen, beides grob raspeln oder in Streifen schneiden, unter die Sauce heben und mit Pfeffer, Meersalz und Apfeldicksaft nach Geschmack würzen.
3. Die Ananasscheiben von der Schale und dem harten Strunk in der Mitte befreien und in Stücke schneiden. Den Salat mit den gehackten Nüssen und der Ananas garnieren.

Exotischer Reissalat

Sie benötigen für 4 Personen:

Für die Salatsauce:

6 EL Öl
2 EL Zitronensaft
4 EL Weißwein
1/2 TL Salz

Für den Salat:

100 g Reis
1 große, reife Mangofrucht
1 rote Pfefferschote
1 Kopfsalat

So wird's gemacht:

1. Für die Sauce das Öl mit Zitronensaft und Weißwein verrühren und mit Salz würzen.
2. Den Reis in leicht gesalzenem Wasser etwa 40 Minuten bei geringer Hitze garen. Abgießen und abkühlen lassen. Den Reis nach dem Abkühlen in eine Schüssel schütten.
3. Die Mangofrucht schälen, das Fruchtfleisch mit einem Messer bis auf den Kern in der Mitte zu dünnen Scheiben oder Streifen schneiden und zum Reis geben.
4. Die Pfefferschote waschen, in sehr dünne Ringe schneiden und ebenfalls zum Reis geben. Alles mit der Salatsauce übergießen und kurz durchziehen lassen.
5. Den gewaschenen, zerteilten Kopfsalat trockenschleudern, kleinzupfen, die Blätter in eine große Glasschale füllen. Mit dem durchgezogenen, gekühlten Reis-Mango-Salat auffüllen und servieren.

Reissalat mit Früchten

Sie benötigen für 4 Personen:

Für den Salat:

100 g Naturreis
1/2 rote Paprikaschote
1/2 grüne Paprikaschote
1 Zwiebel
2 Scheiben Ananas
1 Kiwi
1 kleine Mangofrucht
100 g Brunnenkresse

Für das Dressing:

1/2 Tasse Obstessig
3 EL Olivenöl
1 EL Sojasauce
1/2 Tasse Gemüsebrühe
Salz
Pfeffer aus der Mühle
1 Prise Zucker

So wird's gemacht:

1. Den Reis in leicht gesalzenem Wasser etwa 40 Minuten bei geringer Hitze garen. Abgießen und abkühlen lassen. Den kalten Reis in eine Schüssel geben.
2. Die Paprikaschoten und die Zwiebel putzen und in kleine Würfel schneiden. Die Ananas klein würfeln, die Kiwi schälen und ebenfalls in kleine Würfel schneiden.
3. Die Mango schälen, das Fruchtfleisch vom Kern lösen, in kleine Würfel schneiden, mit der verlesenen, gewaschenen Kresse und den übrigen Zutaten zum Reis geben. Vorsichtig alles vermischen.
4. Für das Dressing den Obstessig, das Olivenöl, die Sojasauce und die Gemüsebrühe miteinander verrühren, mit Salz, Pfeffer und dem Zucker würzen und den Salat damit anmachen.
5. Den Salat im Kühlschrank 1/2 Stunde ziehen lassen, nochmals abschmecken und servieren.

Waldorfsalat

Sie benötigen für 4 Personen:

Für den Salat:

2 säuerliche Äpfel (Boskop)
Saft von 1 Zitrone
250 g Knollensellerie
90 g Walnußkerne

Für die Salatsauce:

10 cl süße Sahne
80 g Mayonnaise
Salz
weißen Pfeffer aus der Mühle
1 Prise Zucker

Zum Garnieren:

einige Salatblätter
einige Walnußhälften

So wird's gemacht:

1. Die Äpfel schälen, vierteln, entkernen, von Blüten- und Stengelansätzen befreien und in lange dünne Streifen reiben oder mit einem scharfen Messer in etwa 5 Millimeter dicke und 3 Zentimeter lange Streifen schneiden. Rasch mit Zitronensaft in einer Schüssel vermischen.
2. Den Sellerie gründlich unter kaltem Wasser abbürsten, abtropfen lassen, vierteln, schälen und in lange dünne Streifen reiben oder in lange Streifen mit einem scharfen Messer schneiden. Rasch mit den Äpfeln und dem Zitronensaft vermischen, damit sich der Sellerie nicht dunkel verfärbt.
3. Die Walnußkerne hacken und über den Salat streuen.
4. Für die Sauce die Sahne steif schlagen, dann nach und nach die Mayonnaise hinzufügen, bis eine glatte Creme entsteht. Nach Geschmack mit Salz, Pfeffer und Zucker würzen. Die Sauce über den Salat gießen und alles vorsichtig vermischen.
5. Den Salat zugedeckt 20 Minuten im Kühlschrank durchziehen lassen, dann nochmals pikant abschmecken.
6. Die Salatblätter waschen, trockenschwenken und 4 Servierschalen damit auslegen. Den Waldorfsalat darauf anrichten und zum Schluß mit den Walnußhälften garnieren.

Tip:

Wenn der Geschmack des rohen Sellerie zu streng ist, kocht man die ungeschälte Knolle etwa 10 Minuten in schwach gesalzenem, mit etwas Zitronensaft oder Essig gewürztem Wasser. Dann rasch unter kaltem Wasser abschrecken und schälen. Die weitere Verarbeitung erfolgt wie beschrieben.
Bei besonders festlichen Anlässen sollte man den Salat in ausgehöhlten Äpfeln anrichten. Dann werden sowohl Apfelfruchtfleisch als auch Sellerie in kleine Würfel geschnitten. Als Garnitur kann man außer Walnüssen auch einige Belegkirschen und jeweils $^1/_2$ Orangenscheibe verwenden.
Waldorfsalat schmeckt besonders fruchtig, wenn man die Äpfel zum Teil durch frische Ananaswürfel ersetzt. Und anstatt mit Mayonnaise-Sahne-Sauce kann man den Waldorfsalat nur mit Schlagsahne anmachen. Dann ist der Salat besonders leicht und locker. In diesem Fall kann man die Sauce mit etwas Orangenlikör verfeinern.

Traubensalat mit Roquefortsauce

Sie benötigen für 4 Personen:

Für die Sauce:

150 g Roquefortkäse
1 Becher Crème fraîche (200 g)
4 EL süße Sahne
2 EL Sherryessig
3 EL halbtrockenen Sherry
Salz
schwarzen Pfeffer aus der Mühle

Für den Salat:

500 g blaue Trauben
500 g helle Trauben
6 Stengel Bleichsellerie
4 Kaiserbirnen
2 säuerliche Äpfel (Boskop)
3 EL Zitronensaft
150 g Feldsalat
2 EL Sherryessig
3 EL Walnußöl

Zum Garnieren

50 g Walnußhälften

So wird's gemacht:

1. Für die Sauce den Roquefortkäse grob würfeln. Mit Crème fraîche, Sahne, Sherryessig und Sherry im Mixer oder mit dem Rührstab des Handrührgeräts zu einer glatten Sauce vermischen. Nach Geschmack mit Salz und Pfeffer pikant würzen.
2. Die Weintrauben waschen und abtropfen lassen. Die Beeren von den Stielen zupfen, halbieren und entkernen.
3. Den Bleichsellerie putzen. Die Blatteile waschen und trockentupfen. Stiele in ganz dünne Scheiben schneiden, die Blätter grob hacken.
4. Die gewaschenen Birnen und Äpfel vierteln, entkernen, von Blüten- und Stengelansätzen befreien und fein würfeln. Rasch mit Zitronensaft vermischen.
5. Den Feldsalat putzen, gründlich waschen und trockenschleudern. Eine Salatschale mit dem Feldsalat auskleiden und diesen mit dem Sherryessig und dem Walnußöl beträufeln. Darauf den Salat anrichten und mit Walnußhälften garnieren.

Partysalat

Sie benötigen für 6 Portionen:

Für die Marinade:

4 El Apfelessig
1 EL scharfen Senf
Salz
Pfeffer aus der Mühle
5 EL Öl

Für den Salat:

250 g Tortellini (Packung)
Salz
300 g kleine, feste Champignons
1 EL Öl
Salz
schwarzen Pfeffer aus der Mühle
200 g Erbsen (Tiefkühlkost)
1/2 frische Ananas
1/2 grüne Paprikaschote
1/2 rote Paprikaschote
425 g Maiskörner (Dose)

So wird's gemacht:

1. Für die Marinade den Apfelessig mit dem Senf verquirlen und mit Salz und Pfeffer würzen. Öl darunterschlagen.
2. Die Tortellini nach Packungsbeschreibung bißfest kochen. Abgießen und abtropfen lassen.
3. Während die Tortellini kochen, die Champignons putzen und abreiben. Öl in einer Pfanne erhitzen, die Pilze darin kurz braten und mit Salz und Pfeffer kräftig würzen. Die Erbsen dazugeben und ebenfalls nur kurz mitgaren.
4. Die Ananas in Scheiben schneiden, die Schale und den harten Strunk entfernen und das Fruchtfleisch würfeln. Die Paprikaschoten putzen, waschen und kleinwürfeln. Den Mais abtropfen lassen.
5. Die vorbereiteten Salatzutaten in der Marinade wenden, dann nochmals würzig abschmecken. Den Salat 1 bis 2 Stunden zugedeckt durchziehen lassen.

Tomatensalat mit Austernpilzen

Sie benötigen für 4 Personen:

4 Tomaten
150 g grüne Bohnen
125 g kleine Austernpilze
50 g Möhren
50 g Lauch
50 g Sellerie
50 g Schalotten
1 TL Senf
Öl
Essig
Salz
Pfeffer aus der Mühle
1 EL Petersilie
etwas Weißwein
150 g kalten Kalbsbraten

So wird's gemacht:

1. Die Tomaten in dünne Scheiben schneiden. Die grünen Bohnen abfädeln und in Salzwasser blanchieren, abschrecken und abtropfen lassen. Die Austernpilze in ihre einzelnen Segmente zerlegen.
2. Das Gemüse würfeln, blanchieren und die Hälfte davon mit Senf, Öl, Essig, Salz, Pfeffer, gehackter Petersilie und etwas Weißwein vermischen.
3. Die Austernpilze würzen und in wenig Öl anbraten. Auf einem Sieb auskühlen lassen.
4. Den Kalbsbraten in dünne Streifen schneiden. Die Tomaten schichtweise mit der einen Hälfte des Gemüses, den Austernpilzen und dem Fleisch auf einem großen Teller oder einer Platte anrichten. Das angemachte Gemüse zuletzt darauf verteilen und die restliche Salatsauce darüberträufeln.

Austernpilzsalat

Sie benötigen für 4 Personen:

Für die Salatsauce:

2 EL Sherryessig
1 EL halbtrockenen Sherry
1/2 TL Senfpulver
1 Prise Zucker
4 EL Distelöl

Für den Salat:

250 g Schweinefilet
1 geschälte Knoblauchzehe
4 EL Distelöl
Salz
500 g Austernpilze
1 kleine Zwiebel
1 Bund Petersilie
weißen Pfeffer aus der Mühle
6 EL süße Sahne
100 g Feldsalat
2 kleine Radicchioköpfe

Zum Darüberstreuen:

grob geschroteten grünen Pfeffer

So wird's gemacht:

1. Sherryessig, Sherry und Senfpulver verrühren, mit Salz und Zucker abschmecken. Das Öl nach und nach untermischen.
2. Das Schweinefilet häuten und mit der halbierten Knoblauchzehe einreiben. 2 Eßlöffel Öl erhitzen und das Fleisch 15 bis 20 Minuten braten. Abtropfen lassen, rundherum salzen und in Alufolie einwickeln.
3. Die Pilze gründlich putzen, und in einem Küchentuch abreiben. Große Pilze vierteln.
4. In der Pfanne, in der auch das Fleisch gebraten wurde, 2 weitere Eßlöffel Öl erhitzen und die Pilze darin unter häufigem Wenden etwa 10 Minuten braten.
5. Die Zwiebel schälen, die Petersilie abspülen und trockentupfen. Beides hacken und nach 5 Minuten zu den Pilzen geben. Mit Salz und Pfeffer würzen. Die Sahne angießen und alles unter ständigem Rühren noch etwa 3 Minuten kräftig kochen lassen.
6. Nebenher den Feldsalat gründlich putzen, waschen und abtropfen lassen. Den Radicchio zerpflükken, ebenfalls waschen und abtropfen lassen, dann in mundgerechte Stücke zerschneiden.
7. Feldsalat und Radicchio auf einer Servierplatte anrichten, mit der Salatsauce beträufeln, dann darauf die Pilze häufen.
8. Das Filet auswickeln, in hauchdünne Scheiben schneiden und blütenblattartig auf den Pilzen anrichten. Mit grob geschrotetem grünem Pfeffer bestreuen und servieren.

	Fische und Schaltiere	Schwein	Lamm und Hammel
grüner Salat	mit Sauce aus süßer oder saurer Sahne	zu Schnitzel und Koteletts	zu Ragouts und Rollbraten
Eichblatt-/Bataviasalat	mit Vinaigrette aus Sherryessig	mit Essig-Öl-Sauce zu Filets	mit zarter Vinaigrette zu Rücken
Feldsalat (Rapunzel)	mit Joghurt- oder Sahne-Kräuter-Sauce	mit Saurer-Sahne-Sauce zu Filets	mit Vinaigrette zu Koteletts
Endivie (Frisée, Eskariol)	mit kräftiger Kräuter-vinaigrette	mit Kräuter-Joghurt-Sauce zu allen Braten	wie grüner Salat
Radicchio		gemischt mit Eisbergsalat zu Filets	mit Vinaigrette zu Koteletts und Rücken
Chicorée	mit Vinaigrette zu Fischfilets	zu Filets, Schnitzel, gefülltem Rollbraten	
Romanasalat	mit kräftiger Kräutersauce	zu Koteletts und Lendenbraten	wie Radicchio
Spinat (als Salat)	zu pochierten Edelfischen und Scampi	zu gegrillten Teilen aller Art	
Chinakohl	mit Ananaswürfeln und Orangenstücken zu kräftigen Fischsorten	mit Äpfeln und Bananen zu Hackbraten	mit Trauben in Joghurtdressing zu Lammrücken
Weißkohl/Rotkohl als Salat		zu Haxen, Krustenbraten, Rippchen	
Tomaten	nur zu Grillfisch	gemischt mit Gurken und Paprika zu Grillfleisch	zu allen deftigen Hammelgerichten
Gurken	zu gebratenen, deftigen Fischen		wie Tomaten, gemischt in kräftiger Käsesauce
Bleichsellerie	zu Krustentieren und Edelfischen	zu Filets und Schnitzel	im gemischten Salat zu Braten
Knollensellerie		gekocht in Vinaigrette zu allen Braten	
grüne Bohnen (gekocht)		zu Krusten- oder Schinkenbraten	zu allen Lamm- und Hammelgerichten
Radieschen/Rettich		zu deftigen Braten, Haxen und Frikadellen	zu Rollbraten
Möhren (Karotten)			gemischt mit Blumenkohl zur Keule
Blumenkohl		gekocht zu Haxen	
Kartoffeln (gekocht)	zu panierten Bratfischen	zu Kasseler, Haxen und Rippchen	zu allen gegrillten Fleischteilen
Paprika	gehäutet, in Vinaigrette zu Bratfisch		zu allen Gerichten der Mittelmeerküche

Rind	Kalb	Geflügel	Wild	Eierspeisen
zu Tafelspitz und anderem Kochfleisch	mit leichter Sauce zu allen Gerichten	zu gebratenen und gegrillten Hähnchen	nur zu Ragouts	zu allen Eiergerichten
zu Filets, Rumpsteak, Roastbeef	zu Filet, Schnitzeln und Steaks	zu zartem Wildgeflügel	zu allen Filets und Braten	zu pochierten Eiern und Kräuteromeletts
wie Eichblattsalat	wie Eichblattsalat	wie Eichblattsalat und zu Brustfilets aller Art	wie Eichblattsalat	wie grüner Salat und Eichblattsalat
wie grüner Salat	zu gerollter Kalbswurst	zu kräftig gewürzten, gebratenen Teilen	Endivie zu Ragouts, Frisée wie Eichblattsalat	wie grüner Salat
mit Vinaigrette zu kurzgebratenem Fleisch	gemischt mit Chicorée zu Schnitzeln, Steaks und Braten	mit Eichblattsalat zu Tauben, Fasanen, Rebhühnern, Brustfilets	gemischt mit Eichblatt- und anderen Feinsalaten zu Filet	
mit Sahnesauce zu Filetbraten	wie Radicchio	mit Saurer-Sahne-Kräuter-sauce zu hellen Teilen	wie Endivie und Frisée	mit kräftiger Kräutersauce zu allen Gerichten
wie Eichblattsalat	zu Steaks und Schnitzeln	mit Kräutervinaigrette wie Eichblattsalat	wie Eichblattsalat	wie Chicorée
zu Schmorbraten	zu Kalbsbraten, Haxen und Steaks	zu Grillgeflügel aller Art	zu Ragouts	wie Chicorée
mit Grapefruitstücken zu Schmorbraten und gekochtem Fleisch	mit Kräuter-Joghurt-Sauce zu Rollbraten	mit leichter Kräutervinaigrette zu allem gebratenen Geflügel	mit Ananas zu allen Braten	zu pochierten Eiern in Kräutersauce
zu Gulasch, Ragout und Schmorbraten		zu gebratener Ente	zu Hasenpfeffer und kräftigen Ragouts	
gemischt mit Gurken zu Gulasch	gemischt mit Gurken zu Haxen	mit Vinaigrette zu Putenkeule und -brust		zu Spiegeleiern
	wie Tomaten	wie Tomaten		
	mit kräftiger Vinaigrette zu allen Gerichten	im gemischten Salat zu allen Geflügelarten	im gemischten Salat zu kurzgebratenem	
	gekocht wie Bleichsellerie, roh zu Steaks und Schnitzeln	roh und gekocht zu Gänsebraten und gebratener Ente	roh wie Waldorfsalat zu allen Braten	
zu Sauerbraten	zu Kalbsbrust		zu Wildschweinkeule und -rücken	
in gemischtem Salat zu Braten aller Art		nur zu Grillhähnchen		Radieschen zu Omeletts
als Rohkost zu Schmorbraten	mit Äpfeln gemischt zu Haxe und Brust			
	wie Knollensellerie	roh und gekocht zu Grillhähnchen	gekocht zu Ragouts	
		zu allen gegrillten und kalten Geflügelteilen		zu Rührei, Spiegelei und hartgekochten Eiern
gehäutet zu Schmorbraten		wie Kartoffeln		

Zum Thema Kochen ist bei Bassermann außerdem erschienen:
Köstliche Italienische Küche (1/0110)
Kalte Küche (1/0117)

Die Deutsche Bibliothek – CIP-Einheitsaufnahme

Salate : frisch, raffiniert, gesund / Ellen Wiesner (Hrsg.). –
Niedernhausen/Ts.: Bassermann, 1994
ISBN 3-8094-0126-9
NE: Wiesner, Ellen (Hrsg.)

ISBN 3 8094 0126 9

Umschlaggestaltung: Jürgen Szillat
Titelbild: Michael Wissing BFF, Elzach-Katzenmoos
Fotos: Wolfgang Feiler, Fotostudio Karlsruhe: S. 126, 127, 128; Edith Gerlach, Frankfurt: S. 14/15, 17, 18/19, 21, 88/89, 152, 153, 156, 157, 172, 173, 180; Grauel und Uphoff, Hannover: S. 100, 101, 102/103, 114, 115, 120, 121, 130/131, 142, 143; Michael Wissing BFF, Elzach-Katzenmoos: S. 5, 48, 122/123, 164/165, 186; 3 Glocken, Weinheim: S. 185; Alle übrigen Fotos: TLC Foto-Studio GmbH, Velen-Ramsdorf.
Die Ratschläge in diesem Buch sind von Herausgeberin und Verlag sorgfältig erwogen und geprüft, dennoch kann eine Garantie nicht übernommen werden. Eine Haftung der Herausgeberin bzw. des Verlags und seiner Beauftragten für Personen-, Sach- und Vermögensschäden ist ausgeschlossen.
Gesamtkonzeption: Bassermann'sche Verlagsbuchhandlung, D-65527 Niedernhausen/Ts.

817 2635 4453 6271